基于多Agent系统的
制造业生产调度模型研究

◎ 赵良辉 著

·广州·

图书在版编目（CIP）数据

 基于多 Agent 系统的制造业生产调度模型研究／赵良辉著. —广州：华南理工大学出版社，2019.6
 ISBN 978－7－5623－5986－9

 Ⅰ. ①基… Ⅱ. ①赵… Ⅲ. ①制造工业-生产调度-研究-中国 Ⅳ. ①F426.4

 中国版本图书馆 CIP 数据核字（2019）第 091182 号

基于多 Agent 系统的制造业生产调度模型研究
赵良辉　著

出 版 人：卢家明
出版发行：华南理工大学出版社
　　　　　（广州五山华南理工大学 17 号楼　邮编：510640）
　　　　　http：//www.scutpress.com.cn　E-mail: scutc13@ scut.edu.cn
　　　　　营销部电话：020－87113487　87111048（传真）
策划编辑：谢茉莉
责任编辑：谢茉莉
印 刷 者：广州市人杰彩印厂
开　　本：787mm×960mm　1/16　印张：8　字数：153 千
版　　次：2019 年 6 月第 1 版　2019 年 6 月第 1 次印刷
定　　价：48.00 元

版权所有　盗版必究　印装差错　负责调换

前　言

　　学术界对生产调度问题的研究虽然广泛而深入，但多数难以应用，原因在于真实调度环境过于复杂。本书尝试以多 Agent 系统的高柔性和灵活的组织结构应对调度环境的复杂性，提出两类具有实用价值的多 Agent 系统调度模型：适于优化调度的算法集成黑板模型和适于实时调度的合同网模型。

　　算法集成黑板模型主要用于静态调度，通过将已有的调度算法封装为 Agent，实现调度问题的优化。为给模型准备合适的封装对象，本研究对常用的非数值调度算法进行了改进，提出了针对作业车间调度的改进模拟退火算法（包括回火退火算法和快速模拟退火算法）、启发式遗传算法、小生境免疫算法和用于调度的文化算法等创新算法。仿真实验表明，与已有算法相比，改进后的算法可获得更快的计算速度和（或）优化能力。

　　基于改进的非数值算法，提出适于优化调度的非数值算法集成黑板模型。该模型以多 Agent 黑板结构为框架，将不同的算法封装为 Agent 以实现算法集成，形成统一、协调的求解模型；创建了基于多方博弈理论的模型求解机制，针对不同算法自身的特点制订竞争对策，激励各算法 Agent 在问题求解速度和求解质量两方面展开竞争，提高模型运行效率和求解能力。

　　合同网调度模型主要用于实时调度，模型中引入代表资源和作业的 Agent 作为合同双方，通过设定的谈判机制以招投标的方式完成调度，模型中加入具有调控能力的管理 Agent，以提高优化能力；对模型中各 Agent 的决策方法进行了细致的研究。模型还构建了适应敏捷调度的扩展机制，与其他模型相比，具有更好的实时性。

　　黑板模型和合同网模型分别体现了真实调度环境要求的两个方向：调度的实时性和优化性。两种模型结合形成的实用调度体系具有较高的应用价值。

　　本书围绕调度的优化和调度的实时性两个中心展开研究，其中第

二、第三章对优化进行了研究，第四章对实时性进行研究。具体结构如下：

第一章对研究背景、意义及研究内容做了简要介绍，同时提出本书的研究目标及主要创新点。

第二章讨论了几种用于调度的非数值算法，包括顺排/倒排法、模拟退火算法、遗传算法、禁忌搜索算法、免疫算法、文化算法，并分别提出了基于上述算法构建的具体算法，包括回火退火算法、快速模拟退火算法、启发式遗传算法、小生境免疫算法、文化算法。

第三章提出了集成各种非数值算法的黑板模型，详细论述了模型的组成结构，运用多方博弈思想建立其运行机制。

第四章提出了基于多 Agent 系统的合同网调度模型。该模型基于 Agent 协商模型，通过 Agent 之间的讨价还价来实现动态调度。详细描述了调度机制、调度各参与者在调度中的活动、模型在不同环境和要求下所做的适应性改变等。还讨论了面向调度系统的 MAS 软件工程，构建了以 JADE 为运行平台的应用实例。

结论部分对本文的工作做了总结，提出了进一步研究和探索的方向。

感谢广东省哲学社会科学规划办公室（GD15XGL55），广东省教育厅（2014 KTSCX130）等提供的项目和资金资助，使作者近 8 年来一直能持续、系统和深入地开展对建模与仿真、优化算法的研究；感谢华南理工大学在本文学术研究上给予的支持，感谢我的导师邓飞其教授在研究方法上给予的大力帮助。

希望本书能为从事调度系统优化、多 Agent 系统设计与建模、非数值算法设计的相关科研人员，以及从事运筹学、管理科学与工程等相关专业的教师和学生提供有益的参考。

由于算法及优化、计算机领域的研究日新月异，加之作者的研究领域有限，书中难免存在疏漏，在此恳请同行和读者批评指正。

赵良辉
2019 年 3 月

目 录

第1章 绪论 … 1
1.1 调度算法概述 … 1
1.2 调度算法研究现状 … 4

第2章 非数值调度算法及其改进 … 15
2.1 预备知识 … 15
2.2 顺排/倒排法 … 22
2.3 模拟退火算法及其改进算法设计 … 24
2.4 遗传算法及启发式遗传算法设计 … 32
2.5 禁忌搜索及其应用 … 43
2.6 免疫算法及小生境免疫算法设计 … 47
2.7 几种算法的比较 … 56

第3章 基于MAS的算法集成调度模型 … 59
3.1 算法集成的思想 … 59
3.2 多Agent系统预备知识 … 60
3.3 集成调度模型设计 … 65

第4章 基于MAS的合同网调度模型 … 79
4.1 合同网概述 … 79
4.2 模型总体设计 … 81
4.3 Agent设计 … 87
4.4 模型关键技术 … 91
4.5 模型功能扩展 … 107

参考文献 … 113

第1章 绪　论

1.1　调度算法概述

调度就是将稀缺资源在时间上分配给作业，从而实现一个或多个目标的优化。生产调度是制造系统中将稀缺的加工资源（机器、劳动力、工具）合理分配给工件或其他加工任务以实现生产目标优化的活动，是制造系统的基础，生产调度的优化是先进制造和现代企业管理的核心技术。

对调度问题的研究始于1954年Johnson[1]提出的两台机床的流水车间调度问题，几十年来这方面的研究长盛不衰，相关文献难以计数。与研究的深度和广度形成鲜明对比的是，生产调度问题在现实环境下一直得不到很好的解决，原因有二：

（1）绝大多数生产调度问题是多项式复杂程度的非确定性问题（non-deterministic polynomial time problems，NP），很难找到最优解决方法，只能通过启发式算法或随机搜索算法获得近似最优解。

（2）车间生产环境的复杂性使得生产调度的理论模型难以应用到生产实践中去。

随着学术界对组合优化问题研究的深入，上述第一个问题已能在一定程度上得到解决：最新的非数值算法和其他算法对常见理论调度问题已能获得相当满意的解，对大规模调度问题也能在可接受时间内获得近似最优解。这方面的非数值算法包括模拟退火算法、遗传算法（及演化规划）、禁忌搜索算法、免疫算法、粒子群算法、蚁群算法、分布估计算法、文化算法等。此外还有确定性最优化方法（如分支定界法、动态规划法、拉氏松弛法）、启发式方法（如移动瓶颈法）、基于知识的调度方法（如专家系统、仿真调度方法）、基于离散事件动态仿真的解析模型方法（如Petri网）、图搜索算法（如A^*算法、束搜索）、神经网络方法等，这些方法各有其特点和局限性，实际应用时难以选择。因此根据具体应用环境和问题特征选择契合的算法成为算法应用必须考虑的问题。

算法选择的一种解决方式是组合式算法，即将多种算法混合，成为综合各单纯算法特点的"鸡尾酒"算法，在结构上形成互补，增强优化能力。组合式算法可以大大增强原有算法的效率或优化能力，是当今算法研究的发展方向之一；其缺点在于须对算法结构进行极为细致的设定，算法设计者必须深刻掌握不同算法的优缺点、结构、运行规律，否则设计的结果易出现性能上的退化。

本书提出另外一种算法组合方式：集成算法模型。这种方式无须算法之间的交叉，而是将它们置于一个竞争环境中，共同求解一个问题；抢先提出解决方案或提出更优方案的算法处于竞争的优势地位；在问题求解过程中，一个算法的寻优结果可以被其他算法利用，在此基础上进一步优化，形成竞争背景下的协作。这种方式的优点在于实现算法互补的同时避免了对算法结构的破坏，省略了组合算法所要求的精细设计；模型的开放性使相似度很小的算法（难以形成组合的算法）也能集成到算法模型中实现功能上的"组合"。

对于第二个问题，也就是算法对复杂环境的适应能力问题，目前尚未出现公认解决方案。车间真实生产环境与调度理论模型的不同点主要表现在以下几个方面：

（1）理论模型经常假定一次进行 n 个任务（作业），各任务的数量及时间参数固定，实际生产中各任务可能是连续到达，到达时间无法预测，也不允许所有任务到达后再开始调度。

（2）理论模型一般假定调度确定后无须更改，而实际生产中经常出现需重新调度的问题：一个调度方案执行小部分后某个随机事件的发生（机器故障、缺料、停电、操作工人缺席等）使调度无法继续执行；此时必须对已有调度进行改动，使其仍能满足某些约束条件。

（3）实际生产中的机器环境往往比理论模型更复杂。理论模型一般假定对于某一工序，机床要么可以加工、要么不可以加工，而不考虑工件的特征。事实上很多机床的加工范围是和工件特征有关的，例如大型机床加工的大尺寸工件，小机床根本无法加工；数控加工中心可以完成多种工序而普通机床只能完成特定工序等。

（4）理论模型中作业的优先级往往是固定的，实际生产中作业的优先级常随时间波动（例如客户更改交货期）导致调度的优化效果降低。

（5）理论模型不考虑调度人员的偏好，一台机器能否加工某零件是一个 $0\sim1$ 问题；但实际环境中经常出现由于加工费用过高或难以操作，调度者在几台机器中避免使用某台机器的情况。

（6）理论模型总假定机器永久有效，事实并非如此。除了一些随机突发事件如机器故障外，一些确定性事件如工具更换、机器保养等也会打破"机器持续可用"的假设。

（7）多数理论模型中的惩罚函数（如果有的话）都是分段线性的，但真实环境中的惩罚函数经常是非线性的"S"形曲线。

（8）多数理论模型的优化是单目标的，而实际调度常常是多目标的。不仅如此，各个目标的权重还会随时间而变化，或随调度者的主观意识以及生产车间的载荷情况而变化。

以上列举的"不同点"全面刻画了生产环境的"动态性"，针对动态生产环境的调度一般称为动态调度或实时调度。虽然传统调度理论在一些相对简单的生产环境下仍具有应用价值，但总体上难以胜任动态的、突发事件频繁的生产调度环境。

对于动态调度问题，学术界目前的解决方案有三类：

第一类是通过对静态调度方法的改良和折中实现动态调度，可细分为两种方式：①通过人机交互将环境的复杂性交给人来处理，算法（计算机）只负责它所能承担的部分；②将动态调度问题细分为若干个小的静态调度问题，通过滚动再调度的方式，使用静态调度方法实现动态调度。这两种方式部分实现了动态调度问题的解决，改良方式的静态本质使其难以适应较复杂的生产环境。

第二类方法是仿真方式，通过离散事件仿真模型能较理想地描述复杂的制造系统，对调度方案进行定量评估；但由于仿真本身具有实验性质，其成果只能针对具体环境应用，很难从中提炼出一般规律。

第三类方法是基于人工智能的方法，主要包括专家系统和基于多 Agent 系统的方法。专家系统能根据系统的当前状态和给定优化目标，对知识库进行搜索，选择最优的调度策略。但这种方法依赖于专家已有的知识，对新环境的适应性差，而且开发周期长、成本高。多 Agent 系统是近年来兴起的分布式人工智能理论的分支，它为解决动态调度问题开辟了一条全新的道路。多 Agent 系统用模拟人类社会系统的运作机制来提高计算机系统解决复杂问题的能力，Agent 软件环境特有的对外界的高度适应性使得调度方案以动态的方式生成，并可根据现实情况随时更改。

Agent 系统用于生产调度的研究虽然才刚刚起步，但已呈现出诱人的发展前景。本书提出基于多 Agent 系统的合同网调度模型，将生产调度环境映射为多 Agent 系统，通过 Agent 的高柔性、智能性适应环境的复杂性，应对突发事件；利用多 Agent 系统的分布式特点迎合实时调度的要求。合同网模型可以有效应对生产环境的复杂性，主要表现在以下几个方面：

（1）所构建的实时调度系统可以为随时到达的作业进行在线调度，最大限度满足快速加工要求；指定的调度方案可以随时更改，生产过程不受影响。

（2）由于机器被封装为 Agent 参与调度，复杂的机器环境被映射为机器 Agent 内部规则（在合同网模型中表现为机器只对适合自身加工的作业进行投标），对调度过程几乎不造成障碍。

（3）所构建的实时调度系统中，作业的优先级可以随时被调整（由管理 Agent 执行），调度人员的偏好也可以快捷地反映到调度过程中（通过管理 Agent 的学习和人机接口）。

（4）所构建的实时调度系统可以很好地处理机器故障问题，只需简单地将故障机器承揽的任务重新招标寻找新的加工者。一旦机器修复，可以无阻碍地重新加入任务投标过程。

（5）多目标优化调度可以通过指定调度规则来实现，这些规则是管理 Agent 在调度过程中进行调控的依据。

（6）实时系统在线处理数据，加减班引起的机器失效和恢复可以实时反映到调度过程中；工时变化可实时反映到 Agent 谈判参数中。

1.2　调度算法研究现状

1.2.1　问题概述

如前所述，生产调度就是将稀缺资源在时间上分配给作业（加工任务），从而实现一个或多个目标的优化；它是生产过程的作业计划，例如工件在机器上的加工顺序、生产批量的划分等。

从不同的角度可以对调度做出不同的分类。最常见的分类标准有两种：调度特征参数和对调度时间性的要求。

1. 非实时调度

非实时调度又称静态调度，调度方案确定时所有作业的时间参数都是已知的，包括各作业的到达时间、加工时长、交货期等。所有作业和机器的组合构成一个确定型系统。静态调度在任务运行之前完成调度方案，系统实际运行时根据该方案来决定下一时刻如何选择加工对象。此类调度适合于问题需求确定，在运行过程中不出现较多变化的情况。静态调度的优点是运行开销小，系统可预测性强，可获得很高的优化效果。但它灵活性较差，不适合复杂多变的环境。

2. 实时调度

与非实时调度相反，实时调度必须在系统运行中进行调度，系统不能因等待调度决策而暂停，因此调度必须快速，确切地说必须"实时"。调度实时性的要求来自于系统的实时性，即系统对外部事件的及时响应至关重要，系统操作的准确性不仅取决于输出结果的逻辑正确性，还取决于结果的产生时间。如果结果的产生时间不符合应用的时间需求，该结果可能毫无用处，甚至是灾难性的。

实时调度也称为动态调度。调度环境中作业特征从未知到已知的过程称为"到达"，作业的到达时间是调度环境中最常见的动态因素，作业到达的随机性是对实时调度最重要的挑战。

实时调度环境同时还包括了其他环境因素的动态性，例如机器的随机故障。学术界研究的实时环境林林总总，对实时性（从事件发生到事件被处理之间的时间要求，也就是反应速度）有不同的要求，例如自动化设备的实时性要求就远远高于机场调度。与其他实时系统比较而言，生产调度系统对实时性的要求不高（软实时系统），实时调度的主要考虑方向在于面对动态变化的环境制定合适的加工策略以保证系统运行的稳定性，同时尽可能实现系统整体目标的优化。

一般的实时调度并不考虑除作业到达时间外其他参数的动态变化问题。在更深刻的随机型作业环境中，作业的各种参数如作业加工时间、交货期等皆为随机变量；多数文献对于这种作业环境的研究还停留在纯理论的、简单化的研究，例如只研究单机随机调度问题，并且假设某些作业参数满足某种随机分布等。在实际生产环境中，这种随机性虽然存在（例如原材料质量不稳定、工人操作速度不稳定等导致的随机性），但可通过少量放宽调度精度来承受。

1.2.2 研究现状及发展趋势

调度在制造业中受到重视始于 20 世纪初 Henry Gantt 及其他研究者所做的工作。不过直到 20 世纪 50 年代才有这方面的文献发表[1][2]。目前关于调度问题的文献已难以计数，其中具重大意义的有 Muth 和 Thompson[3] 提出的包括 MT10 在内的一系列著名算例；Conway、Maxwell 和 Miller 有关调度的研究[4] 被普遍认为是调度理论研究的开始；关注调度复杂性问题的研究，Miller[5] 提出了用于研究算法有效性和问题难度的计算复杂度理论。此外，Baker[6]、French[7]、Rinnooy[8]、Coffman[9]、Blazewicz[10] 对调度问题进行了总结和探讨；Giffler 和 Thompson[11] 提出了活动调度（active schedule）的概念和获得活动调度的方法；Balas[12]提出了通过析取图进行调度的方法；McMahon 和 Florian[13]提出了针对最小化最大延迟优化目标的算法；Barker 和 McMahon[14]对通用作业车间调度问题（job-shop scheduling problem，JSP）问题进行了详细讨论；Carlier 和 Pinson[15]提出了严谨的针对调度问题的移动瓶颈算法；Blazewicz 发表了第一篇关于单机、平行机、作业车间的调度问题及其复杂度分类的综述性文献[16]，文中提出的公式为评估较难调度问题的可解性奠定了坚实的基础。

学术界对调度算法的研究非常广泛，并且随着时代的发展日新月异。解决调度问题的方法主要如下[17][18]：

（1）确定性最优化方法（运筹学方法）。

（2）基于启发式规则的调度方法。

（3）基于知识的调度方法。用专家系统自动产生调度或辅助人调度。它是将传统的调度方法与基于知识的调度评价相结合的方法。

（4）仿真调度方法。通过对仿真模型的运行收集数据，对实际系统进行性能、状态方面的分析，从而对系统采用合适的控制调度方法。

（5）基于 DEDS 的解析模型方法。制造系统是一类典型的离散事件动态系统（DEDS），可以用研究 DEDS 的解析模型和方法探讨车间调度问题，诸如排队论、Petri 网等。

（6）启发式图搜索法。将调度问题以图表示，最常用的是析取图（disjunctive graph）。图搜索算法中最常用的是 A^* 算法。

（7）基于局部搜索的非数值算法，包括模拟退火法、禁忌搜索法、遗传算法、蚁群算法、粒子群算法、免疫算法、文化算法等。

（8）人工智能方法，包括专家系统、神经网络、多 Agent 系统方法及其他。

（9）控制论方法。

（10）其他方法以及上述方法的组合。

限于篇幅，下面只讨论与本书相关的第 1、第 2、第 7、第 8 种方法。

运筹学方法中，在调度理论的建模和测试上扮演了重要角色的是数学规划法。数学规划方法的优点是任务分配和排序的全局性较好，所有选择同时进行，可保证求解凸和非凸问题的全局优化；生产调度中广泛采用的是混合整数线性规划和混合整数非线性规划方法。由于数学规划法是精确求解方法，参数的细微变化会严重影响算法的精度，因此不适合复杂多变的调度环境。不过数学规划法的思想可以通过与其他算法结合发挥作用，例如 Reklaitis[19]提出了一种将仿真与数学规划法相结合的调度算法。分支定界法是传统运筹学理论在调度优化问题上的利器之一,与此有关的文献有 Brah 和 Hunsucker[20],Shaukat 和 Hunsucker[21] 和 Lee[22] 等所发表的研究。由于分支定界法在计算时间上相对问题规模的指数级增长影响了它的应用,Lee 还针对特定问题的具体特性提出了可以提高计算效率的局部规则。分支定界法的效率同时还依赖于下界的强度,Santos[23] 提出了一种用于流水车间多处理器调度最小化完工时间(makespan)问题的全局下界的计算方法。用于解决调度复杂性问题的运筹学方法还包括拉格朗日松弛技术(LR),它的基本特征是将一个大问题分解为若干个更易解决的子问题。参考文献[24]应用 LR 解决了相同平行机的调度问题,参考文献[25]应用 LR 解决了平行机单分支优先级约束问题。一般意义上优先约束总是使得调度问题复杂化[26],Hoitomt[27] 将 LR 应用到一个 JSP 中,通过松弛机器容量约束和工件优先约束来获得最优解。

基于优先规则的调度是生产实践中使用率最高的调度方法。优先规则一般被分为三类:简单规则、复合规则、启发式规则。简单规则如先到先服务(FCFS)、最早交货期优先(EDD)等可以迅速获得可行解,但优化效果差;使用复合规则可以提高解的质量;启发式规则与具体问题密切相关,可以在合理的时间内获得满意解。

随机搜索算法中,被大量用于解决调度问题的常见算法包括遗传算法[28]、模拟退火算法[29][30]以及禁忌搜索算法[31][32]。参考文献[29]提出了基于模拟退火的算法解决 JSP,将寻找最小化的过程建模成一个析取图,图中各作业工序间具有先后约束;寻找最优解等同于在图中寻找一条起点到终点的最短路径。文中还证明模拟退火算法渐近收敛于全局最小解。这种较慢的收敛速度限制了模拟退火算法的应用。不过参考文献[30]关于模拟退火算法(simulated annealing algorithm,SA)收敛性的分析结果显示这并不对 SA 在解决 JSP 上的应用造成限制,该参考文献将 SA 方法与遗传算法(genetic algorithm,GA)结合起来,使用一个新颖的面向时间的交叉算子将每一代 SA 的解进行交叉,从而避免了不对称邻域对收敛性造成的破坏。参考文献[28]将分支定界法与 GA 相结合,解决多步流水车间并行机调度问题。文中遗传算法被用来在搜索过程中改进上界,实验表明两种算法的结合可以比单纯分支定界法更快地获得最优解。参考文献[31]提出了一个基于禁忌搜索的算法解决并行机流水车间(FSPM)调度问题,其邻域的定义基于作业连接图中关键路径的概念构造;禁忌搜索的应用显著地改善了局部搜索,加快了算法的速度。目前解决 JSP 最有效的算法依然是以复杂的分支定界搜索策略为代表的启发式算法与遗传算法的结合为主,相关综述有参考文献[33][34]和

[35］等。近几年上述几种算法的相互融合或与其他算法的融合成为主流研究方向，如参考文献［36］使用并行混和遗传算法，将种群分成若干个子种群分别进行遗传操作；每个子种群除了进行交叉和变异外，还在最后进行模拟退火的局部搜索；子种群的优先解将参与另一种群的交叉操作。参考文献［37］把简单遗传算法（SGA）和模拟退火算法（SA）有机结合解决动态车间调动问题。参考文献［38］将遗传算法与禁忌搜索算法（TS）相结合，先用 GA 进行全局搜索，再用 TS 算法进行局部搜索，改善群体质量。参考文献［39］将病毒进化思想与遗传算法相结合，提出病毒进化遗传算法（virus evolution genetic algorithm，VEGA），通过病毒感染操作提高了局部搜索能力，同时利用病毒学习机制缩小了搜索空间，加快算法收敛性能和收敛速度。参考文献［40］提出与蚁群搜索相结合的遗传算法，算法首先通过各种群的独自遗传进化，较快地产生出较优个体，然后根据各种群的最优个体设定初始信息素，大大缩短信息素的积累过程。参考文献［41］将粒子群与模拟退火算法相结合，分别提出四种算法：粒子群 – 模拟退火算法、改进粒子群算法、粒子群和模拟退火交替算法、粒子群和模拟退火协同算法。不同的算法在质量、鲁棒性、搜索能力上分别有较大提高。参考文献［42］提出混和 Petri 网、遗传算法和模拟退火算法的综合算法，针对作业车间（job-shop）调度问题，建立了带有控制器的 Petri 网模型，利用图的广度优先遍历与 GASA 结合而得到的调度算法。参考文献［43］使用遗传算法和禁忌搜索算法结合的算法解决车间流控制系统中的双资源调度问题。

免疫算法也被用在调度领域，参考文献［44］提出了解决多目标无等待流水车间调动问题的免疫算法模型，模型使用了免疫系统和细菌优化有关理论，在解决大规模问题时能够获得帕累托近似最优解。参考文献［45］提出了一个解决多目标调度问题的进化免疫算法，结合了进化算法的全局搜索能力和人工免疫系统的免疫学习能力。文章采用克隆选择的方法保持算法在搜索和开发上的平衡，采用基于信息熵的浓度保留机制来保持种群的多样性。参考文献［46］提出了一种新颖的免疫否定选择算法，从种群中寻找较差解将其剔除，而不是寻找最优解；经过多次剔除之后种群中将只剩下优解。考虑到剔除劣解有可能丢失寻优信息，算法对编码每一位的等位基因采用了基于浓度控制的免疫原理来保持种群的多样性。参考文献［47］提出了针对柔性制造单元动态调度的免疫算法，不仅考虑了零件分批、工艺路线柔性可变、不相容指标协同优化等问题，还探讨了由于设备故障、加工任务临时变动等扰动因素引起的动态调度。实现动态调度的主要方式是引入了滚动 – 扰动混合再调度策略，如果调度系统一直没有出现扰动，则周期性地滚动再调度；如果出现扰动（如设备故障），则立即进行一次再调度，被中断的作业可安排到其他设备上继续加工。参考文献［48］将免疫计算和改进的遗传算法（预防近亲结合的多重交叉策略）相结合，通过接种疫苗提高抗体的适应度，通过免疫选择防止种群的退化。针对作业车间调度问题，设计了免疫遗传计算中疫苗的提取和接种方法，即基于加工机器的基因片断抽取疫苗方法和接种方法。还采用了预防近亲结合的多重交叉策略，只有经检测在以前几代中没有共同祖先的个体才允许交叉。参考文献［49］中染色体采用双倍体编码以提供记忆以前有用基因块的机制，算法中还引入显性免疫算子和显隐性重排算子以延长有用基因块的生命周期和保持种群的多样性。

文化算法作为一种较新的理论，文献相对较少。参考文献［50］在遗传算法的种群进化层上引入文化算法的信度空间，提出一种具有知识引导功能的分层遗传算法；通过信度空间实现进化信息的有效提取和管理，并利用进化信息指导种群空间的进化过程，从而提高进化效率。

除了上面讨论的算法外，还有其他用于调度的非数值算法，包括蚁群算法[51][52]、粒子群算法[53][54]、混沌搜索[55][56]等。

专家系统和神经网络也用于解决调度问题[57]。专家系统在20世纪80年代早期和中期非常流行，它在调度方面也有应用，例如参考文献［57］提出了一种单元控制系统，它使用了一个基于规则的专家系统和一个黑板模型（包含多个子黑板，其中4个子黑板分别完成调度、加工分配、监控和事故处理功能）。专家系统的优点在于调度规则可以很复杂，可以使用定性的知识，因此调度效果常常能非常接近人工调度，但由于其结构复杂，系统的建造需要技巧；系统的通用性差，很难维护和升级。另外专家系统的优化效果差，所得方案有时严重偏离最优解。基于这些缺陷以及专家系统理论本身还有待进一步的发展，它在调度方面的应用没有成为主流。另一种常见的研究方向是神经网络，有调度应用价值的神经网络类型主要有三种：①Hopfield 神经网络（Hopfield 和 Tank[59]、Gulati 和 Lyengar[60]，Arizono[61]，Vaithyanathan 和 Ignizo[62]，Johnston 和 Adorf[63]）；②竞争网络（Fang 和 Li[64]，Pellerin 和 Herault[65]，Min[66]）；③反向传播神经网络（Chryssolouris[67]，Sabuncuoglu 和 Hommertzheim[68]，Hayes 和 Sayegh[69]，Rabelo 和 Camarinha[70]，Yih 和 Liang[71]）。大多数人工神经网络（artificial neural networks，ANNs）的调度应用是基于 Hopfield 神经网络的。虽然模拟神经网络的调度应用显示出了美好的前景，在处理大规模调度问题时 ANNs 消耗的过多计算时间仍然成为其发展的主要障碍；一个值得研究的方向是将 ANNs 与随机搜索算法结合起来,例如与模拟退火算法相结合,因为 SA 可以在最优化过程中帮助避免陷入局部最优。将 Hopfield 网络与拉格朗日松弛算法结合也显示出了对解的改善作用,参考文献［72］显示了拉格朗日松弛神经网络对可分离凸规划的收敛性。参考文献［73］提出了一个混合整数拉格朗日松弛神经网络,用于解决作业车间最小化加权提前/拖期总和调度问题。该问题被拉格朗日松弛法分解为若干多项式子问题,这些子问题动态规划法可解。仿真实验显示该方法可获得近似最优解。

基于多 Agent 系统的调度是一种新颖的、分布式的调度体系,相关文献综述见下节。

总结调度理论几十年的发展发现,静态调度研究较多,动态调度研究较少;集中式调度研究较多,分布式调度研究较少;理论研究较多,实用研究较少。今后调度问题的研究将主要向三个方向发展。

(1) 大规模调度问题成为主要研究对象。

随着调度理论的逐渐成熟,小规模的调度问题被基本解决,动辄几百作业的大规模问题进入研究者的视野。由于多数调度问题具有 NP 特性,随着问题规模的扩大,计算量急剧增加,原有适应小规模问题的算法很难在可接受时间内输出满意解。大规模问题对算法的效率提出了严峻的挑战,因此采用并发或分布式计算方式的算法将成为主流。

(2) 调度的目标偏移。

由于市场开放对全球竞争力提升的需求,调度的重点逐渐从方案的最优化转向调度的柔性和敏捷性[74]。与此相对应,强调实时性和快速反应的动态调度逐渐成为研究热点,敏捷调度和多目标调度也越来越被学术界关注。基于人工智能的方法具有其他方法没有的灵活性优势,是很有前途的发展方向。

(3) 与其他系统的结合。

调度系统与其他系统的结合是调度理论的发展趋势,也是调度实用化的重要标志。虽然调度系统可以作为单独的系统而存在,与其他系统的结合将更好地发挥其对整体的促进作用。最常见的结合方式是调度作为一个模块嵌入到制造执行系统(MES)中,与其他模块(如设备管理、人力资源管理、质量管理、产品跟踪及谱系管理、绩效分析等)形成密不可分的整体。

1.2.3 多 Agent 系统(MAS)及基于 MAS 的调度研究现状与发展趋势

Agent 的概念见于计算机和分布式人工智能的众多领域,软件 Agent 的概念最早可追溯到参考文献［75］。基于 Agent 的技术在很多行业都取得了令人瞩目的成果,相关应用有电力系统管理、通信网络管理、计算机集成制造、分布式虚拟企业的计划和调度、作业车间调度、项目调度、工业货仓管理等。Shen 和 Norrie[76] 报告了 30 个使用 Agent 技术为制造计划、调度和执行控制服务的项目。

多 Agent 系统(MAS)理论为制造业提供了最有前景的人工智能(artificial intelligence,AI)解决方案,其主要原因如下:

(1)MAS 可以提供很高的鲁棒性和柔性。鲁棒性的获得主要由于系统没有中心元素,没有集中决策存在,任何子系统的崩溃不会对其他子系统造成致命伤害。Agent 技术使控制系统能以非常有效的方式处理生产技术故障。生产计划或调度的改变也可简单地并行处理而无须停止系统运行或将系统撤回某个初始状态。系统可以灵活重排与故障设备有关的任务。

(2)Agent 技术可以很好地支持即插即运行模式,这使得企业可以轻松地改变、增加或删除硬件设备或软件模块。由于老技术到新技术的迁移可以无阻碍地实现,无须停止制造工作,因此系统维护的费用显著降低。

(3)控制和监测可以深入到物理操作层次,以获得更快的反应速度。另外,控制和监测子系统可以真正与企业合为一体,从而提升故障处理能力。

(4)同样的 MAS 逻辑可以用在不同的层次上和不同的子系统中,如硬实时水平(整体控制)、软实时水平(生产管理和控制)以及企业级的战略决策(供应链管理和企业联盟)。在所有模块、层次中使用同样的通信标准和协作方案,可获得非常高的效率和协调性。

由于这些优势,Agent 理论一问世就引起了广泛的关注。MAS 技术是随着其研究的不断发展逐步向调度研究领域渗透的,这方面的研究开始于 20 世纪 80 年代,之后对 MAS 的研究呈现迅速增长的趋势,技术路线走向多样化。参考文献[77]用 Agent 技术解决分布式约束启发问题,将整个问题分散到各个 Agent 上异步和并行地求解,并将其成功应用于分布式作业车间调度案例;参考文献[78]在提出的 MAS 框架中,将制造系统中的功能和实体封装为 Agent,采用基于价格机制的拟市场模型等实现 Agent 之间的协商;参考文献[79]提出一种应用多 Agent 技术的、基于知识的柔性制造系统调度方法;参考文献[80]研究了汽车制造企业使用 Agent 技术实现分布式调度的问题,该方法同样可应用于生产调度。

20 世纪 90 年代中期以来,多 Agent 调度系统方面的研究日趋丰富。参考文献[81]提出以资源和任务作为核心 Agent 的 MAS 结构方案,参考文献[82][83][84]的研究都应用了以资源和任务为核心 Agent 的方法,参考文献[85]以具有一定计算功能的调度模块为 Agent,参考文献[86]综合了计算 Agent 和资源/任务 Agent 的特点。

20 世纪 90 年代后期，Agent 用于生产调度逐渐成为生产调度研究的热点，对这方面的研究更加深入和有针对性。参考文献［87］全面而详细地考察了生产控制中的各种算法在 MAS 中应用的可能性；参考文献［88］研究了动态调度环境中 Agent 的用途和绩效；参考文献［89］以 CORBA 为基础架构，提出了用于柔性流水车间调度的 Agent 系统；参考文献［90］构建了一个项目调度系统，通过简单反应型 Agent 和具有思考能力的复杂 Agent 的协作实现事务的活动调度；参考文献［91］提出以一个任务 Agent 和多个资源 Agent 为核心的柔性制造系统调度框架，并使用了改进的合同网策略；参考文献［92］研究了柔性装配系统的调度问题，每个执行单元被封装为一个 Agent，能够在加工中自主调用一定的调度规则，并根据其他 Agent 的反应对自己的行为进行规划；参考文献［74］讨论了将 MAS 应用于敏捷调度的方法，针对虚拟企业的应用提出通过谈判机制加强调度的柔性，以及通过联邦数据库实现信息的更好整合；参考文献［93］［94］通过将系统的功能和资源映射为不同的 Agent 实现基于 Agent 的动态调度。

这段时期基于 Agent 的调度理论多数还停留在理论研究层面，实际应用不多，这和 Agent 研究领域的不成熟密切相关。参考文献［95］总结了 Agent 技术应用到制造业环境面临的主要障碍，具体如下：

（1）典型 MAS 中无集中控制，可能出现无法预测的紧急情况却得不到处理。较好的应对方法是进行全面和彻底的模拟，从而将所有可能状况和应对策略预先设定。

（2）所有当前流行的 MAS 都是基于几十或几百个 Agent 组成的系统，不适合更大规模例如上千 Agent 的系统，因为如此多的 Agent 运行和并行通信引起的信息爆炸难以处理。

（3）目前的车间自动化生产设备虽然支持分布式控制，但依然基于一个控制中心，在应用 MAS 之前需要改装为自动的、独立的子控制系统，这方面的工作尚未起步；而且所有控制工程和系统工程的研究者一直以严格的集中式解决方案为设计、运行和维护目标，例如计算机集成制造（CIM）；基于 Agent 的分布式方案不易获得认同。

（4）行业协作所要求的 MAS 标准和 MAS 平台的研究都还处于早期发展阶段，MAS 本体论研究（定义、架构、规范）还停留在简单层面（如 XML 格式）。智能物理 Agent 基金会（Foundation for Intelligent Physical Agents，FIPA）在这方面做了很有益的工作，但依然不能很好地满足实时控制、分布式控制和监测以及生产管理等方面的协作要求；另外评价 MAS 效率的算法和测量工具还有待发现。

（5）产业化 MAS 所需的知识挖掘深度还远远没有达到要求的水平，这可能是 MAS 应用的最大障碍之一。当前的知识挖掘技术还停留在简单示例水平，不能胜任真实工业环境。

（6）MAS 并不能完成所有制造任务。据估计大约 30% 的控制任务和 60% 的监测任务将因为 MAS 的引进而受益，但在某些具体应用领域，MAS 的应用被证明是失败的，需要对 MAS 可以发挥优势的任务范围做出清晰的界定。

虽然存在上述发展限制，对 Agent 的研究和对基于 Agent 调度理论的研究依然在飞速发展，对上述障碍的克服也逐渐取得成就。

基于合同网的调度因其适应性强、易于改造和简单有效成为较受欢迎的系统方法。参考文献 [96] 在一般合同网协议的基础上提出多合同网协议，使得几个任务实时、同步谈判成为可能，在调度过程中考虑了不确定因素和冲突带来的影响。投标采用层级式的招投标策略，每一个为当前工序投标的 Agent 同时为当前工序的后续工序招标，直至最后一个工序，形成一条从末端开始的招投标链。参考文献 [97] 将产品 Agent 定义为承包商（投标者），将订单 Agent 定义为发标商（招标者）；而资源 Agent 是子承包商，向产品 Agent 投标以承担加工任务。该文献引入了 Petri 网来解决多个产品竞争一个资源带来的冲突。参考文献 [98] 提出了一种新颖的基于货币机制的合同网协议，作业 Agent 在招标过程中将自身优先级和工时要求量化为货币作为加工的酬劳，机器 Agent 根据能获得货币的多少决定投标顺序和首先接受哪个标书；发生冲突时根据虚拟货币的高低和优先权解决冲突。参考文献 [99] 设计了一个网络化制造环境，由制造 Agent（代表加工单元或工厂）组成分布式层级结构，每一个 Agent 既可以是任务承包商，也可以是发包商，Agent 间通过合同网协议形成有效的沟通网络和加工体系。参考文献 [100] 提出了一个动态合同网，用于具有延迟启动特性的任务分派环境，例如无人仓库的小车搬运系统。

目前对基于 Agent 调度理论的研究更偏向实际应用和研究方法的多元化。

1. 实用化趋势

基于 Agent 的调度方法被广泛应用于各个行业，同时采取了多样化的应用方式。Yoon 和 Hyun[101] 提出了面向半导体行业调度的 MAS 调度模式，模式中采用了时序约束集以在多项式时间内通过调度 Agent 与加工单元 Agent 之间的谈判获得可行解；李敬花等[102] 将 Agent 之间的协商过程分为主控协商和自主协商两级，提出了以多 Agent 技术构筑的多型号生产调度系统以及基于 Web 环境的系统体系结构；

Wang 等[103]针对中小型企业提出基于互联网的三层 MAS 调度体系，体系中的 Agent 通过谈判达成信息交换，并使用逆向网络算法获得资源配送的最短路径。

2. 研究方法多元化趋势

研究方法多元化趋势与 MAS 的开放性是分不开的。相关的研究有 Walker、Brennan 和 Norrie[104]提出的基于子整体（holonic）的多 Agent 系统，系统中进化算法的作用对象是调度者而非调度方案本身，也就是生成调度方案的规则，从而获得比普通进化算法更高的优化能力。Yu 和 Ram[105]提出模仿自然界昆虫群落的调度模型，通过昆虫个体劳动分工解决具有柔性工艺路线和准备时间依赖于加工次序的作业车间调度问题；Wong 等[106]比较了纯分布式 MAS 和带有监控 Agent 的混合式 MAS 在解决动态车间调度问题上的效能，并认为混合式 MAS 可以得到更强的全局优化能力。Wu、Weng 和 Michael[107]提出了针对提前/拖期（earliness/tardiness，E/T）调度的策略，该策略将作业分为两类：只剩一个工序待调度的和不止一个工序待调度的，对这两种作业采用不同的启发式调度方法以提高敏捷性。胡晶晶等[108]借鉴 0 - 1 背包问题的求解机制设计了基于多 Agent 通信的多任务协作时间调度算法，实现了额外代价最小化和窗口时间内完成任务最大化。吕赐兴等[109]中利用对偶理论与组合拍卖设计之间的联系，设计了组合拍卖的规则和过程以解决多 Agent 敏捷生产调度中资源分配的协商策略问题。李琳和江志斌[110]提出了一种基于事件驱动的自适应动态调度方法，该方法通过检测获得虚拟生产系统所面临的动态事件并分析其对调度产生的局部影响，制订相应的自适应措施和规则，从而快速平稳地完成虚拟生产系统的动态调度。包振强、李长仪和周鑫[111]通过引入部分全局优化调度的概念提出将优化调度和分布式动态调度相结合的混合调度控制方法；并针对提出的基于知识的动态调度决策方法和基于模糊 Petri 网的知识决策模型[113]。总之，随着研究的深入，基于 MAS 的调度研究将逐渐向更有效率的组织形式、更实用化和与其他领域相互融合的方向发展。

第 2 章 非数值调度算法及其改进

本章详细论述了用于解决调度问题的非数值算法，包括顺排/倒排法、模拟退火算法、遗传算法、禁忌搜索算法、免疫算法、文化算法；提出了回火退火算法、快速退火算法、启发式遗传算法、小生境免疫算法、用于调度的文化算法等新型算法并比较了各自的特点。本章研讨的各类算法除可单独应用外，还将作为算法 Agent 的核心融入第 3 章论述的集成算法模型。

2.1 预备知识

2.1.1 "非数值算法"的概念

数值算法与非数值算法并没有清晰的界限。一般来说，求解数值计算问题的算法称为数值算法（numerical algorithm），基于比较关系运算如排序、选择、搜索、匹配等符号处理的算法称为非数值算法（non-numerical algorithm），大体上包括 1.2.2 节提到的运筹学方法和随机搜索算法。虽然部分非数值算法常被冠以"智能算法"的名称（如遗传算法），为了和基于 Agent 的方法相区别，本书依然称其为非数值算法。也有学者认为广义的非数值算法包括线性表、栈、队列和串、树、图，以及排序、查找操作，并行算法等，而把本章中将要介绍的算法归入"20 世纪 80 年代初兴起的启发式算法"[①]，因此本书所介绍的非数值算法可更精确地归类为"现代非数值算法"。

生产调度问题是典型组合优化问题，其中绝大多数是 NP 问题，不存在较短时间内获得最优解的数值解法，只能采用非数值算法或其他方法（神经网络、专家

---

① 启发式算法在这里被定义为：一个基于直观或经验构造的算法，在可接受的花费（计算时间、空间）下给出待解决组合优化问题每一个实例的一个可行解，该可行解与最优解的偏离程度不一定事先可以预计。见参考文献 [115]。

系统、仿真模型等）获得近似最优解。用于调度问题的非数值算法种类繁多[77]，限于篇幅只讨论顺排/倒排法、模拟退火算法、遗传算法、禁忌搜索、免疫算法、文化算法等几种主要的算法，并以具有相当难度和代表性的 JSP 为主要研究对象展开对上述算法的讨论。

2.1.2 作业车间调度问题

作业车间（job-shop）指的是以单件小批生产为主的车间。与作业车间相对应的是流水车间（flow-shop），以固定工艺路线生产为主。在调度问题中最复杂的是作业车间调度问题。

1. 经典作业车间调度问题及调度可行性判定研究

作业车间调度问题（JSP）是组合优化问题中最难的问题之一。它可以简单地描述为 n 个作业（工件）在 m 台机器上加工，必须满足：

（1）每个作业包含不多于 m 个工序；
（2）每个作业的各工序必须按指定顺序加工；
（3）每个工序只能在指定的机器上加工，且加工时间固定；
（4）工序的加工不允许打断。

由于有多个工序在同一机器上加工，JSP 的主要任务就是排定工序在机器上的加工顺序，以获得最大绩效。最常见的目标函数为全体作业的完工时间（makespan），以小为优。

JSP 可以表示为整数规划模型，假设以最小化 makespan 为优化目标，模型描述如下：

$$\min t_M = \max_{1 \leq k \leq m} \left\{ \max_{1 \leq i \leq n} \{t_{ik}\} \right\} \quad (1)$$

$$\text{s.t.} \quad t_{ik} - p_{ik} + M(1 - a_{ihk}) \geq t_{ih}, \quad i = 1, 2, \cdots, n, \quad h, k = 1, 2, \cdots, m \quad (2)$$

$$t_{jk} - t_{ik} + M(1 - x_{ijk}) \geq p_{jk}, \quad i = 1, 2, \cdots, n, \quad h, k = 1, 2, \cdots, m \quad (3)$$

$$t_{ik} \geq 0, \quad i = 1, 2, \cdots, n, \quad k = 1, 2, \cdots, m \quad (4)$$

其中：

索引

i, j：作业索引，$i, j = 1, 2, \cdots, n$

h, k：机器索引，$h, k = 1, 2, \cdots, m$

参数

n：作业数

m：机器数

t_{jk}：作业 j 在机器 k 上的完成时间

p_{jk}：作业 j 在机器 k 上的工时

M：足够大的正数

决策变量

$$a_{ihk} = \begin{cases} 1, & t_{ih} < t_{ik} \\ 0, & \text{otherwise} \end{cases}$$

$$x_{ijk} = \begin{cases} 1, & t_{ik} < t_{jk} \\ 0, & \text{otherwise} \end{cases}$$

其中，约束（2）保证了同一作业上工序的先后次序，约束（3）保证了一台机器任一时刻只加工一个工件。

JSP 还可用析取图来表示，一个 JSP 是一个析取图 $G = (N, A, E)$，其中：

N：工序集；

A：连接同一作业上各工序的有向弧集；

E：连接同一机器上各工序的析取弧集。

图 2-1 表示了一个 3 工件 3 机器的析取图，其中圆圈代表工序（0 和 * 作为虚拟工序代表加工的开始和结束），圈内数字 (i,j) 代表机器号 i 和工件号 j；实线箭头代表属于 A 的有向弧，表示了同一作业上工序加工的先后，双向虚线箭头代表属于 E 的析取弧。调度的过程就是将析取弧映射为有向弧，可表示为

$$S: E \to H$$

其中：

$E = \{[i,j] \mid [i,j] = (i,j) \cup (j,i) \land i,j \in N\}$；

$H = \{(i,j) \mid [i,j] \in E \land (j,i) \notin H \land i,j \in N\}$。

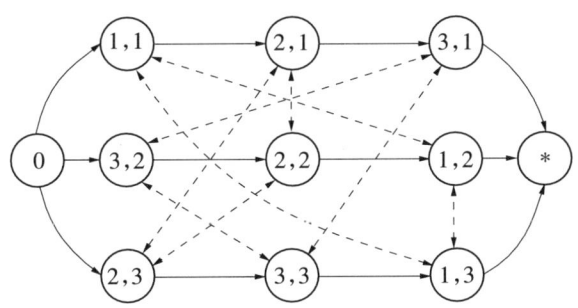

图 2-1 一个代表 JSP 的有向图

当所有析取弧被有向弧代替后析取图 G 变形为有向图 $G_s = (N, A, H)$，也就是一个调度方案；G_s 中无回路时得到可行调度。

编码的可行性也是算法的一个重要考虑内容，其可行性判定可借鉴图论的方法，通过对有向图进行拓扑排序获得。可行判定的具体算法如下：

算法名称：JSP 调度可行判定

输入：调度方案 $G_s = (N, A, H)$

输出：可行标志 Fe

begin

  $R \leftarrow H \cup A$；

  $Fe \leftarrow \text{true}$；

  while $R \neq \varnothing$ do {

    $P_s \leftarrow \{j | (i,j) \in R\}$；

    $P_e \leftarrow \{i | (i,j) \in R\}$；

    if $P_s \backslash P_e \neq \varnothing$ {

      $o \leftarrow$ select one element from $P_s \backslash P_e$；

      $R = R \backslash \{(o,j) | (o,j) \in R\}$；}

    else {//if $R \neq \varnothing$ & $P_s \backslash P_e = \varnothing$ then G_s is infeasible

      $Fe \leftarrow \text{false}$；

      break；} }

  output Fe；

end

某调度一经判定为不可行，就需要找出回路并将其中某一弧反向以打破回路，使调度变为可行。但是反向的结果也可能构成另一回路；而寻找回路一般只能遍历，效率不高。本节根据 JSP 的特点构造了对不可行调度进行纠正的非遍历算法。

算法名称：JSP 调度纠正

输入：调度方案 $G_s = (N, A, H)$，JSP 析取图 $G = (N, A, E)$

输出：可行调度方案 $G'_s = (N, A, H')$

begin

  $R \leftarrow H \cup A$；

  while $R \neq \varnothing$ do {

    $P_s \leftarrow \backslash \{i | (i,j) \in R\}$；//start points

    $P_e \leftarrow \backslash \{j | (i,j) \in R\}$；//end points

```
    if P_s\P_e ≠ ∅ {
        o←select one element from P_s\P_e ;
        R = R\{(o,j)|(o,j)∈R} ; }
    else {
        Δ←{j|j∈P_e ∧ ∀x(x,j)∉A} ;//all end points of acrs in R\A
        a←arg min card{(x,a)|(x,a)∈H} ;
             a∈Δ
        H_a←{(x,a)|(x,a)∈H} ;
        H_a'←{(a,x)|(x,a)∈H} ;//inverse arcs of H_a
          H←(H\H_a)∪H_a' ; //inverse dis conjuctive arcs who end in an H
          R←H∪A ; //update R }
    }
    output H'←H ;
end
```

其中 card 函数表示求集的基数。

使用纠正算法进行纠正时，每进行一次循环，拓扑队列增加一个结点，弧集被缩减，而且被反向的弧马上被删除，不会导致新回路形成。

将 H 中的元素称为析取弧后裔，令 P_d 为算法运行中析取弧后裔终点的集合，P_c 为同一时刻合取弧后裔终点集合，则有 $\Delta = P_d \setminus P_c$；纠正算法有效的前提条件是，当调度 G_s 不可行时，总存在非空集合 $\Delta = P_d \setminus P_c$。关于这一命题有定理 2.1。

定理 2.1 在 JSP 调度纠正过程中，只要有向图中仍有回路，则 $\Delta = P_d \setminus P_c$ 非空，即至少存在一个析取弧后裔终点，它不是任一合取弧的终点。

证明：用反证法，假设 $P_d \setminus P_c = \emptyset$ 且有向图中仍有回路，则有两种可能。

推论 1：P_d 为空集。由于所有合取弧（在有向图中）都是从前向后，单靠合取弧无法构成回路，与条件"有向图中仍有回路"不符，故 P_d 必非空。推论 1 不成立。

推论 2：P_d 是 P_c 的子集，即所有析取弧后裔终点同时又是合取弧终点。对当前全部弧集 R 的终点集 P，有子推论 1。

子推论 1：$\left.\begin{array}{l} P_d \subseteq P_c \\ P_d + P_c = P \end{array}\right\} \Rightarrow P_c = P$

令 R 的始点集为 S，由于在纠正前首先进行了可行判定，R 中所有以无前驱点为始点的弧都已被删除，所以 R 中现有弧的始点都是有前驱的，即它们同时是某弧的终点，因此始点集 S 必为终点集 P 的子集；又由推论1可知 $P_c = P$，因此 S 亦是 P_c 的子集；另当前所有合取弧的始点集是 S 的子集，所以所有合取弧的始点集亦是 P_c 的子集，得子推论2。

子推论2：当前 H 中所有合取弧的始点都是合取弧的终点。

所有合取弧组成的有向图必然无回路，不论如何删减，仍然不会产生回路，因此必然存在合取弧始点不是合取弧终点，子推论2不成立；反推至推论2亦不成立。

推论1和推论2皆不成立，因此至少存在一个符合条件的终点，证毕。

定理2.1保证了纠正算法始终有解，即由此算法始终能实现不可行解的可行化。

本章列举的非数值算法以搜索为主，在应用之前需要先将调度方案表示成编码形式。编码形式多种多样，据参考文献[77]统计有9种之多，包括基于工序的编码（即基于工件号的编码）、基于工件的编码、基于优先表的编码、基于工件对的编码、基于优先规则的编码、基于析取图的编码、基于完成时间的编码、基于机器的编码、随机键编码。各种编码方式中最常用的是基于工序的编码（operation-based representation），即以工件为基本变量，以工件号的排序作为编码。一个工件的编号多次出现在编码中，代表该工件的多个工序。例如有4个工件参与加工，编码可为"1 3 4 2 4 3 1 3 2"，表示首先加工工件1（的第一个工序），其次加工工件3（的第一个工序）……第7位的"1"表示加工工件1（的第二个工序）。工件号在编码中重复出现的次数代表了工件的工序个数。这种编码方式可保证工件的加工顺序无误，同一作业的工序优先级约束被隐含在编码之中。本章后续内容多数采用基于工序的编码。

调度方案有多种表示方法，最常见的是机器矩阵表示，将工件号在机器上按加工顺序排成一行，所有行组成一个矩阵 M；元素 $M(i, j)$ 代表了机器 i 上第 j 个被加工工件。由机器矩阵可直接画出甘特图。由于调度编码和机器矩阵间总存在确定函数关系，后续内容在不引起混淆的前提下对"调度编码"和"调度方案"不加区分。

2. 柔性作业车间调度问题

柔性作业车间调度问题（flexible JSP，FJSP），是JSP的泛化。FJSP与JSP唯一的不同点在于，每道工序可以在多台不同的机床上加工，工序的加工时间随机床不同而不同。仍以最小化 makespan 为优化目标，一个 FJSP 可以表示为

$$\min t_M = \max_{1 \leq i \leq n} \left\{ \max_{1 \leq k \leq K_i} \{t_{ik}^F\} \right\}$$

$$\text{s.t.} \quad t_{ik}^F + p_{i,k+1,j} \leq t_{i,k+1}^F \quad \forall i,k,j$$

$$t_{ik}^F \geq 0, \quad \forall i,k$$

其中：

索引

i：作业索引，$i = 1, 2, \cdots, n$

k：工序索引，$k = 1, 2, \cdots, K_i$

j：机器索引，$j = 1, 2, \cdots, m$

参数

n：作业总数

m：机器总数

M_j：第 j 机器

J_i：第 i 工件

o_{ik}：工件 J_i 的第 k 工序

K_i：工件 J_i 的总工序数

p_{ikj}：工序 o_{ik} 在机器 M_j 上的工时

决策变量

t_{ik}^F：工序 o_{ik} 的结束时间

由于需要确定工序对应的机器和工序在机器上的排列次序，FJSP 的求解方式（以及编码方式）分为两种：整体式和层级式。整体式求解机制较复杂和多样化，层级式则相对简单，它将求解过程分两步进行，有两种方式：

(1)"分派 – 排序"方式。

①确定工序对应的机器；

②确定工序在机器上的排位。

(2)"排序 – 分派"方式。

①确定同类型工序在机器组上的排位（优先级）；

②确定工序对应的机器。

采用方式（1）的文献有 [116] [117] [118]，采用方式（2）的文献有 [119] [120] [121]，两者没有根本差别。方式（1）中完成步骤①之后，剩下的问题等同于 JSP；方式（2）的步骤①将一组机器视为一台虚拟机器，同样是将

FJSP 作为 JSP 来解。因此很多用于 JSP 的算法只需较小的改动即可用于 FJSP。文献 [121] 通过方式（2）中步骤②直接简化为"间隙挤压法"，将 FJSP 简化为 JSP，也就是在待调度工序对应的全部机器中寻找满足加工的最早空闲时段作为工序的最终调度。这种方式通过牺牲小部分搜索空间换取算法结构上的简化和运算速度的提高，提供了以 JSP 算法解 FJSP 的有效途径。

采用"排序－分派"方式的算法一般使用双层编码，第一层与 JSP 问题的编码一致；第二层是机器编码，其长度与第一层一样，每一位代表第一层对应位置的工序所选定的机器。以图 2－2 为例，它是一个 3 机器 3 工件的编码，上一层表示了工序的排序，下一层表示工序对应的机器，例如下一层的第 3 个数字为 5，其对应上一层的编码是 3，表示工件 3 第一道工序的加工机器号为 5。

```
1 2 3 1 2 3 3 2 1
2 3 5 6 4 2 1 1 2
```

图 2－2　FJSP 的编码

2.2　顺排/倒排法

顺排/倒排法是调度方法中最简单的一种，几乎没有优化作用。但因其易于理解和实用性强，在国内很多企业中依然是最流行的调度方法；从运筹学角度来看，顺排/倒排法是以牺牲优化能力为代价获取时间效率的方法。

顺排法的原理是确定一系列的优先规则，然后依据此规则调度作业。其具体步骤如下：

1. 确定作业调度的优先级

对作业可以根据优先规则确定优先级，常用的优先规则如下：

（1）FCFS：先到先服务；

（2）EDD：最早交货期优先；

（3）SPT/LPT：最短/最长工时优先；

（4）MOR/LOR：最多/最少剩余工序优先；

（5）RANDOM：随机选择；

（6）人工指定。

也可以使用组合调度规则，例如在指定某些作业优先级的前提下根据到达时间先后确定其他作业优先级。

2. 确定机器优先级

如果一个工序可在多个机器上加工，就必须确定机器获得作业的优先级，优

先级最高的机器首先获得加工任务。常用规则如下:

(1) 承载能力大(或小)者优先;

(2) 利用机器数量最少的选择优先(尽量使所有工序只在一台机器上加工);

(3) 使设备负载均衡的选择优先(尽量使各机器载荷均衡,因此负载最少的机器优先级最高);

(4) 按工件工艺参数确定,例如根据装夹次数,选择需要安装次数最少的机器加工,根据搬运次数对于重型零件选择所需搬运次数最少的机器加工,根据工艺复杂度选择专用或通用类型的机器等。

(5) 人工指定。对机器同样可使用组合规则,但由于某些规则是互相抵触的如规则(2)和规则(3),应谨慎选用。

3. 根据优先级进行调度

从作业最早发布时间开始,选择当前已到达作业中最高优先级者进行调度,将工序分配给最高优先级的机器,依次进行直到所有作业调度完毕。

由此可见,顺排法总是尽可能早地开始加工,对于规则优化目标(与作业的完成时间呈正相关关系的目标;可通过缩短全部作业完成时间优化的目标)可以取得较好的效果(如"最小化最大完工时间");对不规则优化目标如敏捷调度则更适合采用倒排法。

倒排法与顺排法类似,唯一区别是调度的时间轴与顺排法相反,它由零件的最晚完工日期开始按反工艺路线的顺序,往前推出各道工序的开始和完工日期。其步骤如下:

(1) 将各作业的工序按照与工艺路线相反的顺序重新编号。

(2) 计算伪到达时间:以作业交货期中最晚的交货期为标准,所有工件的伪到达时间等于其交货期与最晚交货期之差。

(3) 以伪到达时间为依据,按照顺排法调度获得伪调度方案。

(4) 伪调度方案完成后,将时间轴反向,原来的0时成为最晚交货期,得到新调度方案。

令所有作业交货期中最晚的交货期为 d_{max},作业 j 的交货期为 d_j,则该作业的伪到达时间为

$$r_j = d_{max} - d_j \tag{2-1}$$

令伪调度方案中 j 的开始时间是 t_{j_pseudo},完成时间是 C_{j_pseudo},则作业真实的开始时间和完成时间是

$$t_j = d_{\max} - C_{j\_\text{pseudo}}$$
$$C_j = d_{\max} - t_{j\_\text{pseudo}}$$
(2-2)

各工序的开始和结束时间计算方法与此相同。

倒排法总是尽可能晚地开始加工，完工时间接近交货期，成品库存占用时间最少，因此在敏捷调度中有很好的表现。

顺排/倒排法在加工时间不充裕时有可能出现错漏，对于顺排法，如果交货期较紧，部分作业的完成时间可能超过交货期造成拖期惩罚；对于倒排法，有可能开始时间早于作业真实到达时间造成调度不可行。实际应用中经常采用两者相结合的方法，潘全科[122]称之为双向调度。

（1）用顺排法确定方案。
（2）查看有无拖期作业，有就转下一步，无则算法结束。
（3）废除顺排方案，对不允许拖期的作业用倒排法调度。
（4）基于已有部分调度，对其余作业用顺排法调度。

顺排/倒排法的简单易用使之可以很好地适应动态调度环境，一旦有新的工件到达，可依据其优先级，选择将其工序插入机器已有的调度队列（其余工序向后顺延）或将其加在队列末尾。

顺排/倒排法最大的缺点是优化效果差，为改善这一固有缺陷，可尝试采用复合调度规则。例如，显式拖期费用规则（ATC）就是最少松弛时间（MS）规则和最短工时优先（WSPT）规则的组合。复合调度规则提高了顺排/倒排法的优化能力，但同时提高了复杂性，应用时可根据需要取舍。

2.3 模拟退火算法及其改进算法设计

1982 年 Krikpatrick 等模拟金属退火过程，采用 Metropolis 准则接受劣化解以逃离局部极值陷阱，用一组称为冷却进度表的参数控制算法进程，取得了很好的效果。这就是著名的模拟退火算法（SA）。SA 是基于蒙特卡罗迭代求解策略的一种通用随机寻优算法，其立足点是固体物质的退火过程与一般组合优化问题之间的相似性；SA 在某一初温下，伴随温度参数的不断下降，结合概率突跳性在解空间中随机寻找目标函数的全局最优解，即局部优解能概率性地跳出并最终趋于全局最优解[123]。SA 的一般过程描述如下：

算法名称：一般 SA
输入：JSP 各已知参数，初始解 S_0，初始温度 t_0，搜索链长 L，衰减系数 α

输出：近似最优解 S
begin
    $t \leftarrow t_0$；$S \leftarrow S_0$；
  repeat {
    for $i \leftarrow 1$ to L {
      $S' \leftarrow$ neighbor (S)；
      if $f(S') \leqslant f(S)$ then $S \leftarrow S'$；
      else {if $\exp(\dfrac{-(f(S')-f(S))}{t}) >$ rand then $S \leftarrow S'$；} }
    $t \leftarrow a \cdot t$；}
  until stopCriterion；
  output S；
end

其中 neighbor (S) 表示从 S 的邻域中输出一个"邻居"解（邻域的定义见下节）。

2.3.1 模拟退火算法用于调度

SA 解决调度问题需要考虑的因素有调度方案的编码形式、邻域的确定、算法参数的选择和搜索策略的选择等，以下分别论述。

1. 编码形式

基于工序的编码直观、方便，成为最常采用的编码形式。

2. 邻域设计

邻域的定义：对每个解 $i \in S$，有一个解的集合 $S_i \subset S$，这些解在某种意义上与 i 是邻近的。集合 S_i 称为 i 的邻域，S_i 中每个解称为 i 的邻近解。

已知初始解的情况下，SA 连续搜索新解构成 Markov 链，该链的最终结果作为下一个 Markov 链的初值进行下一轮的搜索，直至得到最终解。搜索过程中需要从当前解的邻域中寻找新解，因此邻域的设计是算法的关键，不同邻域对算法搜索能力的影响有巨大差异。

对基于工序的编码，常用的有 k 变换邻域[123]（k 是大于 2 的自然数），即将编码首尾相接排成环形，从中任取 k 条边夫掉并用另外 k 条边代替。变换的对象是"边"，即两基因的连接而非基因本身的位置，因此 2 变换邻域 $N_2(p,q)$ 是将（首尾相接后的）解 i 中的任两点 pq 间的路径反向后形成的解的集合；3 变换邻域 $N_3(p,q,r)$ 是将（首尾相接后的）解 i 中的两点 pq 间的路径插入到 r 点后面。

3. 参数设定

SA 的参数设定又称为冷却进度表。一个冷却进度表应该规定下述参数。

（1）控制参数 t 的初值 t_0。

t_0 的取值应使初始接受率 x_0（算法初始接受劣解的概率）接近 1，由转移概率公式可知

$$\exp\left(\frac{-\Delta f}{t_0}\right) = x_0 \approx 1$$

在已确定 x_0 的情况下，可通过试算若干次目标函数 f 值并计算其平均增量来代替 Δf，设试算得到 n 个目标函数值，则

$$t_0 = \frac{\overline{\Delta f^+}}{\ln(x_0^{-1})} \tag{2-3}$$

其中，

$$\overline{\Delta f^+} = \frac{2(\sum f_i - nf_0)}{n(n+1)} = \frac{2\sum(f_i - f_0)}{n(n+1)}, i = 1, 2, \cdots, n, \forall f_{i-1}, f_i(f_{i-1} < f_i)$$

（2）t 的衰减函数。

衰减函数控制 t 的减小速度，从而控制算法对劣解的接受程度。常见的两种衰减函数如下：

① $\quad t_{k+1} = \alpha t_k, \ k = 0, 1, 2, \cdots$

② $\quad t_{k+1} = \dfrac{K-k}{K} \cdot t_0, \ k = 1, 2, \cdots, K$

其中 α, K 为系数。为减少计算量常采用第一种。

（3）Markov 链的长度 L。

理论上确定 L 的方法是使搜索所得新解形成的 Markov 链中被拒绝接受的变换数至少达到某一固定值。由于变换的拒绝概率随 t_k 值的递减而递增，因此这种方法导致随算法进程递减的 L 值；但这种确定方法难以实现，实际应用时常以常数代替。为使模拟退火算法最终解的质量有所保证，应建立 L 与 n 间的某种关系。若取 L 等于某一常量 $\overline{L}$，则 $\overline{L}$ 通常取为 n 的一个多项式函数。

（4）t 的终值 t_f（停止准则）。

t_f 一般取为 0，或某个充分小的正数。有时会出现 t 衰减到 t_f 之前算法已处于停滞状态的情况，此时可采取另一停止准则：在若干个相邻的 Markov 链中解无任何变化就终止算法。

2.3.2 两种改进模拟退火算法

作为一种出色的非数值算法，SA 已被广泛应用于解决各类车间调度问题。但 SA 在实际应用中也暴露出一些缺点。

（1）运行时间过长，尤其是大规模的调度问题，使算法实用价值降低；

（2）运行中易陷入某个局部最优解，尤其是参数选取不恰当时。

为提高模拟退火算法的应用价值，须对其加以改进。最终解的质量和算法运行时间是一对矛盾，在实际应用中只能根据需要对某一方面进行侧重。本节对 SA 在上述两方面进行了改进，提出有记忆的回火退火算法和快速模拟退火算法。

1. 回火退火算法

要提高最终解的质量，须避免算法过早陷入局部最优。模拟退火算法在运行前期，温度参数 t 较大，接受率 X 高，使程序可以接受劣解从而避免掉入"局部陷阱"；在运行后期，t 值较小，接受率 X 低，t 趋近于零时程序基本退化为局部搜索算法。为使程序不停留在局部极值，可尝试重新提高 t 值（加温），使得算法的接受率再次提高，从而有望跳出局部最优，接近全局最优。该过程与金属热处理中的回火过程相似，故称之为回火退火算法。

回火温度可以与退火的初始温度 t_0 相同或接近，因为 t_0 对应高的接受率，而回火就是为了得到高接受率；考虑回火会导致计算过程的重复，回火次数一般不能太多，以不超过 10 次为宜。第一次回火以上次退火的最终解作为初始解，以后各次回火也都以前次退火的最终解为初始解。

模拟退火在搜索过程中可以接受部分劣解，带来的副作用是运算中可能抛弃曾出现过的最优解；为避免这种情况，给算法增加一个记忆器，记录搜索到的最好结果，当退火过程结束时，将所得最终解与记忆器中的解比较并取较优者作为输出，多数情况下可提高算法所得解的质量。算法描述如下：

算法名称：有记忆的回火退火算法

输入：JSP 各已知参数，初始解 S_0，初始温度 t_0，搜索链长 L，衰减系数 α，回火次数 k，回火初温 $t_1^H, t_2^H, \cdots, t_k^H$

输出：近似最优解 S

begin

    $S \leftarrow S_0$；

    $S^* \leftarrow S_0$；$f^* \leftarrow f(S^*)$；

    for $j \leftarrow 1$ to k {

        $t \leftarrow t_k^H$；

```
repeat {
    for i←1 to L {
        S'←neighbor(S);
        if f(S')≤f(S) then {
            S←S';
            if f(S)<f* then {S*←S; f*←f(S*);}}
        elseif exp($\frac{-(f(S')-f(S))}{t}$) > rand then S←S';}
    t←a·t;}
until stopCriterion;}
output S*;
end
```

2. 快速模拟退火算法

问题的规模增大时,模拟退火算法的速度变慢,原因有二:一是每次搜索的 Markov 链必须足够长才能使搜索充分,二是必须进行足够多的搜索(内循环)才能达到终止条件(s 个 Markov 链的最终解相同,或 t 趋于零)。为了使算法在每个 t 值上都能恢复(或接近)准平衡,Markov 链长度 L 不能太小,假设编码长度为 n,常令 $L=100\sim300n$;对于一个 150*30 调度例子,分节长度 len 约为 4 500,L 约为 150*30*100=450 000;要达到终止条件需 60 次以上的内循环,需邻域搜索操作 45 万 *60=2 700 万次。大计算量导致算法速度低下。

模拟退火算法的近亲局部搜索算法(local search algorithm,LSA)具有搜索速度快的特点,可以尝试将其与 SA 算法相结合,形成互补型的混合算法。SA 的初始解是随机选择的,由初始解到某个较优解搜索过程浪费了大量的时间,因此可用 LSA 代替。在 SA 的末段,t 值衰减到一定值时,接受率 X 趋于零,这时 SA 已基本退化为 LSA,速度却依然缓慢,这一部分运算也可用 LSA 代替。将改造后的 SA 称为快速模拟退火算法(quick-SA,QSA)。

算法名称:QSA

输入:JSP 各已知参数,初始解 S_0,初始温度 t_0,搜索链长 L,衰减系数 α

输出:近似最优解 S

```
begin
    S←S_0;
    S*←S_0; f*←f(S*);
    repeat{ //local search
```

$S^* \leftarrow$ neighbor(S);

　　if $f(S^*) \leqslant f(S)$ then $S \leftarrow S^*$;}

until localSearch_stopCrtierion;

$S^L \leftarrow S$;//save the result of local search in S^L

repeat{//SA

　　for $i \leftarrow 1$ to L {

　　　　$S' \leftarrow$ neighbor(S);

　　　　if $f(S') \leqslant f(S)$ then {

　　　　　　$S \leftarrow S'$;

　　　　　　if $f(S^*) < f^*$ then{$S^* \leftarrow S; f^* \leftarrow f(S^*)$;}

　　　　elseif $\exp(\frac{-(f(S') - f(S))}{t}) >$ rand then $S \leftarrow S'$;}

　　$t \leftarrow a \cdot t$;}

until $t \leqslant t_f$;//SA stop criterion

if $S^L > S^*$ {//local search

　　repeat {

　　　　$S^* \leftarrow$ neighbor(S);

　　　　if $f(S^*) \leqslant f(S)$ then $S \leftarrow S^*$;}

　　until localSearch_stopCrtierion;}

output S^*;

end

算法的关键在于合理设置 SA 部分的参数使整个算法省时又保持收敛。算法中 SA 部分开始时的初值已是局部极值,因此在搜索 Markov 链必须足够长以保证搜索能跳出"局部陷阱",链长 L 不能减小(保持原值),程序的着眼点只能放在终止条件 t_f 上,通过适当的终止条件来限制内循环的次数从而使时间缩短。当 SA 部分的接受率 X_f 趋于零时 SA 部分可以结束,令对应 $t_f = t_0/k$,则有

$$X_f = X(t_f) = \exp(-\Delta f/t_f)$$
$$= \exp(\frac{-\Delta f}{t_0/k}) = (\exp(\frac{-\Delta f}{t_0}))^k$$
$$\approx (X_0)^k$$

此处虽然 t_f 对应的 Δf 不同于 t_0 对应的 Δf,但两者来源相同,在估算 t_f 的值时可以视为相同。根据 X_0 的取值不同,不同的 k 值对应的 X_f 见表 2-1。

表 2-1 不同 k 值和 X_0 值对应的 X_f 值

k 值	10	15	20	25	30	35	40	45	50
$X_0=0.95$	0.5987	0.4633	0.3585	0.2774	0.2146	0.1661	0.1285	0.0994	0.0769
$X_0=0.9$	0.3487	0.2059	0.1216	0.0718	0.0424	0.0250	0.0148	0.0087	0.0052
$X_0=0.8$	0.1074	0.0352	0.0115	0.0038	0.0012	0.0004	0.0001	0.0000	0.0000
$X_0=0.7$	0.0282	0.0047	0.0008	0.0001	0.0000	0.0000	0.0000	0.0000	0.0000

由表 2-1 可见，如果 $X_0=0.95$，则当 $k=45$ 时，$X_f=0.95^{40}=0.1285$，接受率可视为足够小；如果 $X_0=0.9$，则当 $k=20$ 时，$X_f=0.9^{20}=0.1216$，接受率可视为足够小；对于其他的 X_0 值，都可以得到相应的 k 值，然后取对应的 t_f 值作为终止条件（t_f 的计算方法同 t_0，依式（2-3）计算）。

确定合理的 k 值，也就是初始温度与终止温度的比值后，内循环的次数有望减少，以 $X_0=0.9$ 为例，如果取 t 的衰减系数为 0.9，则 $1/20=0.05≈0.9^{28}$，只需进行 28 次内循环 t 值就下降到使接受率足够小的程度，此时立即改用局部搜索算法能大大节省运算时间。

对于算法中的局部搜索部分，借鉴 SA 算法采用在当前解的邻域中随机搜索的方式。邻域可以是 2 变换邻域或 3 变换邻域，前者的规模为 $(n-1)*(n-2)$，后者的规模为 $(n-1)*(n-2)*(n-3)$；2 变换邻域可以更快地得到邻近解。

3. 测试实例

为验证两种改进算法的效果，设置一个 5 工件 3 机器的简单实例，工序矩阵 **OP** 和工时矩阵 **T** 如表 2-2 所示。

表 2-2 一个 5*3 调度实例

工序矩阵①			工时矩阵②（单位：分钟）		
3	2	1	27	8	10
1	3	2	6	10	5
2	3	0	14	10	0
1	2	3	25	20	16
3	1	2	5	12	28

①工序矩阵表示工序与机器对应关系，如第 1 行第 3 列为 2 表示作业 1 的第 3 个工序在机器 1 上加工。为 0 表示无此工序。

②工时矩阵表示工序的加工时间，例如第 1 行第 3 列为 10 表示作业 1 的第 3 个工序加工时间为 10。

三种算法取相同的参数，令初始接受率 $X_0 = 0.9$ 求得初始温度 t_0 为 171.772 5，选取衰减系数 $\alpha = 0.9$，$L = 100n = 1\,400$，所得结果见表 2-3。

表 2-3　三种算法性能参数比较

算法	最优函数值	内循环次数	仿真历时
普通模拟退火算法（10 次平均值）	84.2	53.7	32.882 7
有记忆的回火退火算法	83	545	97.375 0
快速模拟退火算法（10 次平均值）	84.5	14.6	13.453 0

图 2-3 是通过"有记忆的回火退化算法"获得最优解的甘特图。

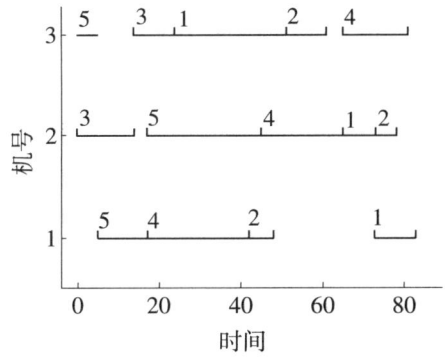

图 2-3　最优解甘特图

由表 2-3 可知，普通模拟退火算法在与另两种改进算法的比较中毫无优势，其最优值低于回火退火算法，运算时间高于快速模拟退火算法，因此实际应用时应尽量使用改进算法。

有记忆的回火退火算法明显是以时间换精度的算法，一般都能获得较满意的结果，但耗时较大，不适于规模较大的调度问题。不过对于单个工序耗时长而总工序不多的场合（例如加工大型零件的加工中心），使用回火退火算法计算调度方案可以大大减少加工时间，优势明显。

快速模拟退火算法的突出优势是需时少，从表 2-3 可以看出其耗时是普通模拟退火算法的 40%，是有记忆的回火退火算法的 14%，适合于大规模问题。若要进一步加快速度，只需稍微降低初始接受率 X_0 和适当加大 t 的衰减速度，其精度也不低。本例中很接近普通模拟退火算法，是很有前途的 SA 算法的改进方向。

2.4 遗传算法及启发式遗传算法设计

遗传算法（GA）是 Holland[124]于 1975 年受生物进化论的启发而提出的。与自然界相似，遗传算法对求解问题的本身一无所知，它所需要的仅是对算法所产生的每个染色体进行评价，并基于适应值来选择染色体，使适应性好的染色体比适应性差的染色体有更多的繁殖机会。和传统搜索算法不同，遗传算法从一组随机常数的初始解，称为种群（population）开始搜索过程。种群是一个解的集合，每个解作为一个个体存在其中。遗传算法的一般结构描述如下：

算法名称：一般 GA

输入：JSP 各已知参数，种群规模 N；交叉概率 P_c，变异概率 P_m

输出：近似最优解 S^*

begin

 gen←0；

 Pop(gen)←InitializePop(N)；//get the initial Population；

 while(not stopCriterion) do {

  F←evaluate(Pop(gen))；//calculate Fitnesses of the Pop

  $S^* \leftarrow \{s \mid s \in \text{Pop(gen)} \wedge f(s) = \min(F)\}$；

  selectPop←select(Pop, F)；

  childPop←crossover(selectPop, P_c)；

  mutPop←mutation(selectPop, P_m)；

  gen++；

  Pop(gen)←mutPop；}

 output S^*；

end

其中，各函数的意义：

 InitializePop：随机生成初始化种群；

 evaluate：对种群的所有个体计算适应度；

 select：对种群进行选择操作（基于适应度值）；

 crossover：对种群进行交叉操作（基于交叉概率 P_c）；

 mutation：对种群进行变异操作（基于变异概率 P_m）。

将遗传算法应用到具体问题时，一般需要解决的问题有编码方式的选择、初始种群的选择及选择算子、交叉算子、变异算子的确定以及终止条件的确定。

2.4.1 遗传算法用于调度

编码问题是遗传算法的首要和关键问题。基于工序的编码由于具有半Larmarkin性、Ⅰ类解码复杂性[57]，任意基因串的置换均能表示可行调度等优点成为最常使用的编码。

1. 选择

遗传算法的基本原则是达尔文的自然选择原理，选择是遗传算法的推动力。常见的选择方式有轮盘赌选择和排序选择，前者以个体的适应度大小的线性函数作为个体被选择的概率大小，后者先将个体排序，然后依序以等比级数或等差级数的方式赋予每个个体被选概率。一个基于等比级数的选择算子如下：

算子名称：等比级数排序选择

输入：种群 Pop：$\{p_1, p_2, \cdots, p_N\}$，选择压力 q，适应度 f，要选择的个体数目 k

输出：被选个体群 R

begin
  $R \leftarrow \varnothing$；
  $r \leftarrow q/(1-(1-q)^N)$；//the probability of the best individual being selected
  sortedPop $\leftarrow$ sort(Pop, f(Pop))；//sort Pop according to f value
  for $i \leftarrow 1$ to N do {
    $\vec{R}(i) \leftarrow r*(1-q)^{(N-i)}$；
    $\vec{cR}(i) \leftarrow$ sum$(R(1:i))$；}
  for $i \leftarrow 1$ to k do {
    $q \leftarrow \arg\min_{0<x<N}\{x | \vec{cR}(x+1) > \text{random}(0,1)\}$
    $R \leftarrow R \cup \{$the qth individual in sorted Pop$\}$
end

其中，sort（Pop，f（Pop））为对种群 Pop 根据适应度 f（Pop）升序排序。

在选择算子的选用上，最需要注意的是选择压力（即群体中最佳个体被选中概率与平均选中概率的比值）。一般来说，算法的初始阶段宜采用低选择压力，有利于扩展搜索空间；在终止阶段宜采用较高选择压力，有利于找到最好的解域。

2. 交叉

交叉操作与编码方式直接相关，因此也与调度类型直接相关，不同调度类型的不同编码方式决定了具体的交叉方式。以图2-1所示调度问题和基于工序的编码为例,假设有两个个体(图2-4a),如果使用单点交叉方式,则首先随机确定一个交叉位置如5,对应图2-4a中下划线部分的数字需要互相交换,交换后得到的编码见2-4b;上方的编码中"2"的数目多了一个,下方的编码中"1"的数目多了一个,因此将上方最后一个"2"和下方最后一个"1"取出分别排在下方和上方编码的最末位,得到两个合法的新编码(图2-4c)。

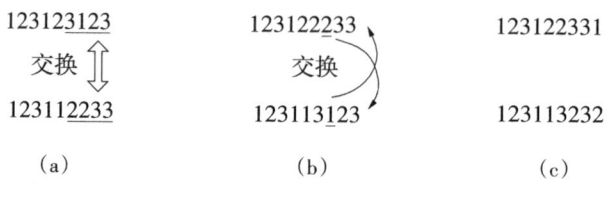

图2-4 单点交叉

交叉位置如果设定为两个,则称为双位置次序交叉。其他的交叉方法还有很多,如部分映射交叉(partially mapped crossover,PMX)、循环交叉(cycle crossover,CX)等等。其中双位置次序交叉是常用的一种算子,描述如下:

算子名称:双位置次序交叉(OX)
输入:父种群pPop:$\{p_1, p_2, \cdots, p_N\}$
输出:子种群cPop:$\{q_1, q_2, \cdots, q_N\}$
begin
  cPop←∅;
  L←the length of chromosome
  for i←1 to N {
    if P_c≥random(0,1)then {
      repeat {//choose two individuals from pPop;
        a←random[1,N];
        b←random[1,N];}
      until $a \neq b$
      repeat {
        x←random[1,L];//the cut-point in the chromsome
        y←random[1,L];}//the length of the part being exchanged
      until $x \neq y$;

if $x+y>L$ then $\{x\leftarrow x+y-L; y\leftarrow L-y;\}$
$c_1 \leftarrow p_a(x+y:L) + p_a(1:x+y-1)$;
$c_2 \leftarrow p_b(x+y:L) + p_b(1:x+y-1)$;
for $j = x$ to $x+y=1$ {
　　del1 ← index of the first gene in c_1 equal to $p_b(j)$;
　　del2 ← index of the first gene in c_2 equal to $p_a(j)$;
　　$c_1 \leftarrow c_1 \setminus \{c_1(\text{del1})\}$;
　　$c_2 \leftarrow c_2 \setminus \{c_2(\text{del2})\}$;}
$c_1 = c_1 + p_b(x:x+y-1)$;
$c_2 = c_2 + p_a(x:x+y-1)$;
$q_1 = c_1(L-x-y+2:L) + c_2(1:L-x-y+1)$;
$q_2 = c_2(L-x-y+2:L) + c_1(1:L-x-y+1)$;
cPop ← cPop $\cup \{q_1, q_z\}$;
　　}
　}
output cPop;
end

其中，各函数意义：

random (0, 1)：输出 0～1 内的随机实数；

random [1, N]：输出 1～N 内的随机整数。

染色体运算：

p (x:y)：输出染色体 p 的子串，从第 x 位到第 y 位；

p_1 (x:y) + p_2 (a:b)：将子串 p_1 (x:y) 与 p_2 (a:b) 连接成新的子串；

c_1 (del1)：c_1 中第 del1 个基因。

3. 变异

当交叉操作产生的后代适应度不再进化且没有达到最优时，算法陷入早熟收敛。这种现象的根源在于有效基因的缺损，而变异操作在一定程度上破坏了这种情况，有利于增加种群的多样性。

置换编码染色体常用的变异有互换、逆序和插入变异。

（1）互换：随机交换染色体中两个不同位置的基因。

（2）逆序：将染色体中两个不同随机位置间的基因逆序。

（3）插入：随机选择某个点插入到串中不同随机位置。

变异是对现有基因的一种破坏性操作，因此变异率不能太大，例如0.01；大于0.5时遗传算法会退化为随机搜索算法。

2.4.2　启发式遗传算法及实例

遗传算法不适于邻域最优解的微调结构，因此把传统的启发式算法嵌入到遗传算法中构造混合算法是很有价值的思考方向。本节构造了用于调度的启发式遗传算法，将传统启发式算子嵌入到遗传算法，被嵌入的启发式算子包括激活算子、瓶颈修复算子、关键块邻域算子。

1. 激活算子

不同的可行调度方案可以被划分为以下三种类型。

（1）半活动调度（semi-active schedule）：这种调度通过尽可能早地调度工序来得到。在一个半活动调度中，没有工序可在不改变调度序列的情况下更早开始。

（2）活动调度（active schedule）：这种调度中没有哪个工序可以在不延迟其他工序（或不改变"不可抢占"约束）的情况下更早开始。活动调度同时也是半活动调度。由于最优调度总是活动的，搜索空间可以被安全地限制在活动调度集合内。

（3）无延迟调度（non-delay schedule）：这种调度中没有机器处于空闲状态（只要有可加工的工序）。无延迟调度必须首先是活动调度，当然也必须是半活动调度。

无延迟调度一般来说不易获得，但活动调度则可以通过GT算法得到，也可通过插入式贪婪解码算法获得活动调度[126]，后者步骤更简单，效率更高。将使用后者解码的过程称为"激活"，该算法被称为激活算子。

2. 瓶颈修复算子

瓶颈修复算子来自于移动瓶颈法[126]。移动瓶颈法通过不断寻找调度过程中的瓶颈机器，并通过保证瓶颈机器的加工来优化最终调度目标。移动瓶颈法的一般步骤如下：

算法名称：移动瓶颈法

输入：JSP各已知参数

输出：调度方案 S

begin

```
M←{all machines};
M⁰←∅;//machines which have been scheduled;
S←∅;
repeat {
    for i←1 to |M| {
        S_partial(i)←solution of 1|r_j|L_max problem for M(i) based on S;
        L_max(i)←evaluate(S_partial(i)); }//for end
    bottleNeck←arg max_{0≤i<|M|} {L_max(i)};//the No. of the bottleneck machine
    S←S∪S_partial(bottleNeck);
    for k←1 to |M⁰| {
        S←S\S_partial(k);
        S_partial(k)←solution of 1|r_j|L_max problem for M⁰(j) based on S;
        S←S∪S_partial(k); }
    M⁰←M⁰∪bottleNeck;
    M←M\bottleNeck; }
until M = ∅;
output S;
end
```

其中，$S_{\text{partial}}(k)$ 表示对机器 k 的单机调度，它是总方案 S 的一部分，可称为部分调度。

算法中的单机调度问题：$1|r_j|L_{\max}$ 可根据 Pinedo[126] 提出的确定性算法获得最优解。

SB 算法的构造相对复杂，但运行效率较高。其中瓶颈机的调度加入调度方案后，对其他已调度机器进行重调度的程序称为"瓶颈修复"。瓶颈修复采用了系统化的方法来检查调度方案的关键路径，以当前调度为出发点进行加强随机搜索。本文结合关键路径的概念将其单独提取出来作为一个启发式算子，详述如下：

算子名称：瓶颈修复算子

输入：JSP 各已知参数，调度方案 S

输出：改进调度方案 S'

begin

$M \leftarrow \{\text{all machines}\}$;

$M^C \leftarrow \{\text{all critical machines in } S\}$;

$M^U \leftarrow M \setminus M^C$; //all uncritical machines;

$S \leftarrow S \setminus S_{\text{partial}}(M^U)$; //delete all schedules of uncritical machines in S

for $i = 1$ to $|M^C|$ {

   $S \leftarrow S \setminus S_{\text{partial}}(i)$;

   $S_{\text{partial}}(i) \leftarrow$ solution of $1|r_j|L_{\max}$ problem for $M^C(i)$ based on S ;

   $S \leftarrow S \cup S_{\text{partial}}(i)$; }

for $k = 1$ to $|M^U|$ {

   $S_{\text{partial}}(k) \leftarrow$ solution of $1|r_j|L_{\max}$ problem for $M^{[3]}(j)$ based on S ;

   $L_{\max}(k) \leftarrow$ evaluate$(S(i))$; }

repeat {

   $b \leftarrow \underset{0 < k < |M^U|}{\arg\max} \{L_{\max}(k)\}$;

   $S \leftarrow S \cup S_{\text{partial}}(b)$;

   $M^S \leftarrow \{\text{all scheduled machines in } S\} \setminus \{b\}$;

   for $i = 1$ to $|M^S|$ { //reschedule all scheduled machines

     $S \leftarrow S \setminus S_{\text{partial}}(i)$;

     $S_{\text{partial}}(i) \leftarrow$ solution of $1|r_j|L_{\max}$ problem for $M^S(i)$ based on S ;

     $S \leftarrow S \cup S_{\text{partial}}(i)$; }

   $M^U \leftarrow M^U \setminus \{b\}$; }

until $M^U = \varnothing$;

$S' \leftarrow S$;

output S ;

end

    一次瓶颈修复就是对已有调度方案的深度修复过程。在遗传算法中引入瓶颈修复可以大大提高种群的质量，从而在较短时间内实现高效搜索。

    3. 关键块及关键块邻域算子

    相对于简单地随机交换工序排列位置的 2 变换、3 变换邻域而言，关键块邻域是一种新颖的、与问题紧密相关的邻域定义。Balas[12]最早提出关键块及关键块邻域的概念：组成一个调度方案的关键路径的所有工序称为关键工序，关键工序的一个子集称为关键块，如果满足下列条件：

（1）子集中所有工序属于同一机器，且被连续地执行；

（2）若有一个属于同一机器且与关键块邻接的工序，则该工序必为非关键工序。

由 Balas[19] 描述的算法可以快速获得调度方案中的关键路径。关键路径可视为由起点、终点和若干关键块组成的路径：$(0, B_1, B_2, \cdots, B_n, *)$，关键块可以只包含一个工序。在机器调度矩阵 M［该矩阵中元素 (i, j) 表示机器 i 的第 j 个加工工件是 $M(i, j)$］中关键块可清晰地显示为一个连续的工件号序列。

关键块邻域就是通过更改关键块中两工序的位置获得的新调度集合。参考文献［127］定义了"近邻交换"（adjacent swapping, AS）邻域，即通过交换关键块中两个紧邻工序的位置来获得新调度；参考文献［128］和［129］定义了将关键块中的工序移到关键块的首或尾形成的邻域，称为 CB 邻域。图 2-5 显示了两种关键块邻域不同的转换算子的工作方式。参考文献［130］证明了交换可行调度关键块中两个连续工序的位置一定不会导致不可行调度，因此不论 AS 邻域还是 CB 邻域都不会出现空集。

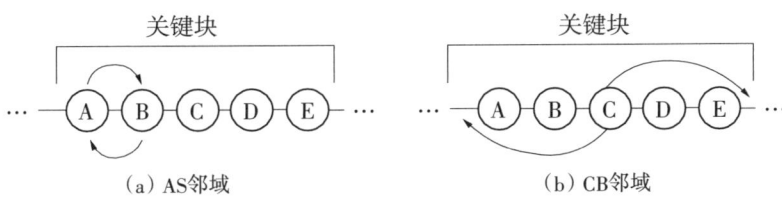

图 2-5　关键块邻域的转换算子

本节构建了一个引入 CB 邻域搜索算子、瓶颈修复算子和激活算子的混合遗传算法。引入算子的目的是为了提高解的质量，算法中首先将其解码方式用激活算子代替，确保搜索空间局限于活动调度；其次将变异算子用基于 CB 邻域的局部搜索代替；最后挑选部分优解进行瓶颈修复。一个启发式遗传算法描述如下：

算法名称：启发式遗传算法

输入：JSP 参数，种群规模 N；交叉概率 P_c，局部搜索概率 P_l，瓶颈修复概率 P_b

输出：近似最优解 S^*

```
begin
    gen←0;
    Pop(gen)←InitializePop(N);//get the initial Population;
    while(not stopCriterion) do {
        F←activate(Pop(gen));//evaluate activated solutions
        S*←{s|s∈Pop(gen)∧f(s)=min(F)};
        selectPop←select(Pop,F);
        childPop←crossover(selectPop,P_c);
        lsPop←CBsearch(selectPop,P_l);
        rePop←bottleneckRepair(lsPop,P_b);
        gen←gen+1;
        Pop(gen)←rePop; }
    output S*;
end
```

其中，各函数意义：

activate：将染色体通过插入式贪婪解码算法解码为活动调度后计算其目标函数值；

CBsearch：对种群个体基于概率 P_l 进行 CB 邻域局部搜索；

bottleneckRepair：对种群个体基于概率 P_b 进行瓶颈修复。

构造一个混合遗传算法实例，其参数如下：

种群规模：机器数×工件数×2

选择算子：等比级数排序选择

交叉算子：双点交叉算子 OX

交叉概率：0.85

瓶颈修复概率：0.4

局部搜索概率：0.9

终止条件：运行超过 400 代，或连续 40 代无更优解获得

硬件环境：CPU：pentium-m 处理器 1.73GHz；512M DDR Ⅱ 内存

软件环境：操作系统 Win Xp sp2，使用 matlab（R2007a）编程

对 8 个算例（算例数据分别来自参考文献 [3][131] 分别运行 20 次普通遗传算法、移动瓶颈法和启发式遗传算法，其中，普通遗传算法和启发式遗传算法所得结果比较如表 2-4 所示。

表2-4 启发式遗传算法与普通遗传算法的比较

算例	规模	普通遗传算法（GA）			启发式遗传算法（HGA）		
		最优	平均用时	均值	最优	平均用时	均值
MT06	6×6	55	45 s	59.2	55	55 s	55.2
MT10	10×10	979	10.5 ms	1 090.4	930	10.3 ms	950.2
abz7	20×15	675	16.5 ms	702.3	665	19 ms	667.5
abz8	20×15	677	18 ms	692.1	676	14 ms	679.8
abz9	20×15	690	17 ms	689.7	686	13 ms	690
LA21	15×10	1076	14.5 ms	1062.9	1 046	8.2 ms	1 050
LA24	15×10	935	13.1 ms	949.1	935	8.3 ms	947.7
LA40	15×15	1 289	19.5 ms	1230.1	1 228	14 ms	1 231

由数据可知，启发式遗传算法的效能明显优于普通遗传算法，无论在最优值和均值上 HGA 都相对 GA 取得了较大进步。

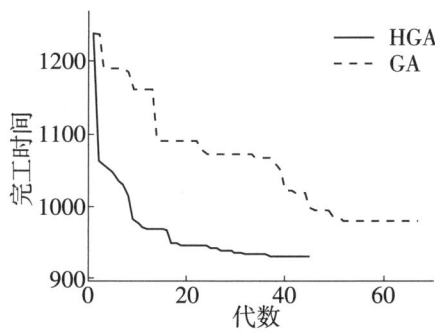

图2-6 混合遗传算法与普通遗传算法的比较

图2-6 显示了 HGA 实例及 GA 实例在解决 MT10 问题[3]时的一次运行过程。图中 GA 在到达局部最优点（980）之后再无进展，HGA 则可较快地（第45代）到达全局最优点930。

2.4.3 遗传算法与模拟退火算法的结合

不同的非数值算法在结构上的差异巨大，使算法之间的互补成为可能；将两种或多种非数值算法有机结合是算法优化的有效途径，其中较有代表性的例子是将遗传算法与模拟退火算法相结合，以充分发挥模拟退火算法的局部搜索能力和遗传算法的全局搜索能力，提升算法整体效果。这方面的文献较多，有代表性的有参考文献［132］［133］［134］［135］等。参考文献［135］中提出的混合算法如下：

（1）初始化算法参数，包括初温 $t=t_0$、退温速率 λ 等。

（2）搜索知识库，判断是否有符合条件的最优解和初始种群。若是，则调用部分初始种群，并随机生成另一部分，然后从数据库中调用最优解；否则随机生成初始种群。

（3）评价当前种群的个体。

（4）判断算法的收敛准则。如果满足，转步骤（9），否则转步骤（5）。

（5）随机选择个体与种群中的最优个体进行交叉操作，产生新个体。如果新个体适值优于当前最优解，则进行种群更新；否则，保留当前种群和最优解并分类存储到知识库。

（6）对所有个体进行变异操作，保留最佳个体并划分为 n 个子种群作为 SA 的初始种群，同时进行种群更新和知识库更新，存储最优状态和温度调节参数。

（7）对 n 个子种群的个体进行定步长抽样的模拟退火操作，以概率 $\min\{1, \exp(-\Delta/t_k)\}$ 接受后代，更新种群和知识库。

（8）进行退温操作 $t_k = \lambda t_{k-1}$，$\lambda \in (0, 1)$，转步骤（4）。

（9）输出本次优化结果。

（10）判断是否再次进行优化，若是则转步骤（2）；否则，转步骤（11）。

（11）输出最终优化结果。

算法中的种群经历了选择、交叉、变异之后被施行模拟退火操作以更充分地搜索解空间；在模拟退火操作中采用定步长抽样（而不是对所有个体进行模拟退火操作），避免了搜索时间过长。与单一的遗传算法或模拟退火算法相比，该算法实现了搜索能力的增强，同时避免了运行时间上的过多损耗。

2.5 禁忌搜索及其应用

禁忌搜索（tabu search，TS）是局部邻域搜索算法的推广，其思想最早由 Glover[136]于 1986 年提出，它是对局部邻域搜索扩展后的一种全局逐步寻优算法。自从 Hurink[137]于 1994 年将其应用于 JSP 问题后，禁忌搜索算法在调度领域获得了蓬勃的发展。目前禁忌搜索算法仍然处于发展之中，而且其应用领域大有拓宽的趋势。

禁忌搜索在运行中保持一个固定长度的禁忌队列，每次搜索都将被接受的新个体加入队列，同时删除最早进入队列的个体；在后续搜索中禁止接受已存在于禁忌队列中的个体，除非满足藐视准则。禁忌搜索基本步骤如下：

算法名称：禁忌搜索（TS）

输入：初始解 S，禁忌队列长度 L

输出：近似最优解 S^*

begin
  tabuList←$\varnothing$；
  while not stopCriterion do {
    N←{neighbors of S}；
    S'←$\arg\min_{X \in N}\{f(X)\}$；
    while $S' \in$ tabuList $\land$ aspiration criteria = false {
      N←$N\setminus\{S'\}$；
      S'←$\arg\min_{X \in N}\{f(X)\}$；}
    S←S'；
    tabuList←{S}$\oplus$tabuList；//add S into the head of tabuList
    if |tabuList| > L then{
      tabuList←tabuList\tail(tabuList)；} //delete the tail
  }
  S^*←S；
  output S^*；

end

其中：

tabuList：禁忌队列，一个先入先出队列；

$\{S\} \oplus$ tabuList：$\{S\}$ 左加 tabuList，即将 S 加入到队列 tabuList 首；

tail（tabuList）：队列的尾元素；

aspiration criteria：藐视规则。

2.5.1 算法关键技术分析

1. 禁忌对象的选取

禁忌对象指的是禁忌队列中被禁止的是什么，一般有三种可选的被禁对象[160]。

（1）解的简单变化：从一个解变化到另一个解。

（2）解向量分量的变化：这种变化需要对解的内部结构进行分析。对于组合优化问题，分量的变化可以是编码中两元素的前后关系的变化；假设编码为"ABCD"，则变化"AB→BA"就表示 A 和 B 的位置互换，它可以令"ABCD"变成"BACD"或"ACBD"变成"BCAD"。

（3）目标值变化：一般用于目标值个数有限的情况。对于调度问题，一般采用 a、b 两种禁忌对象。b 种禁忌对象对应着解的多个邻居，因此禁忌效率高，但会使被禁范围过大。

2. 禁忌长度的确定

禁忌长度就是队列的长度 T；每接受一个新解，禁忌队列中的元素就后移一位直至被删除。对 T 的选择有以下几种方式。

（1）常数，例如 $T=\sqrt{n}$，其中 n 为邻域规模。这种规则容易在算法中实现。

（2）限定变化范围 $T \in [T_{min}, T_{max}]$，此时 T 是可变化的数，其变化依据是被禁对象的目标值和邻域的结构。

（3）动态选取 T_{min} 和 T_{max}，其思想基本与（2）同。

决定禁忌长度同时也决定了计算的复杂性；禁忌长度过短容易造成解的循环出现，一旦陷入局部最优点，算法可能无法跳出；过长又会造成计算时间的浪费，因此需依赖试算和经验。

禁忌的表现形式也有两种：一种是禁忌队列，各对象在队列中依次下移直到出队，所有对象的被禁次数相同；另一种采用禁忌表，表中储存各禁忌对象和它们的被禁次数，每迭代一次被禁次数减 1，直至为 0 后排除出表。采用禁忌表可以分别控制各禁忌对象的被禁次数，使用加灵活多变，但操作较为繁琐，也不易找到动态计算被禁次数的方法，因此多数禁忌搜索算法采用禁忌队列。

3. 藐视规则

藐视规则是指可以打破禁忌的条件。在 TS 的迭代过程中，会出现候选集中的全部对象都被禁，或有一对象被禁，但如果不解禁则当前目标函数值会剧烈下降的情况，这时为了达到全局的最优，不得不让一些禁忌对象重新可选，称为"藐视"。常用的藐视规则如下：

（1）基于评价值的规则。评价值可以是目标函数值，也可以是其他值，以小为优。如果搜索到的新解的评价值小于目前找到的最优解的评价值，但选择新解的行为存在于禁忌队列中时，打破禁忌选择新解，也就是选择了一个更优解。

（2）基于最小错误的规则。当候选集中所有对象都被禁，而（1）的规则又无法使程序继续，为了打破僵局，从候选集中选一个评价值最小的对象解禁。

（3）基于影响力的规则。有些对象的变化对目标值的影响很大，有些影响较小。影响力大的变化使算法趋优的可能性增大，因此若影响力大的变化成为被禁对象，应将其解禁。这一规则一般需要结合禁忌长度和评价函数值使用，例如候选集中目标都不及目前的最好解，而某禁忌对象的影响力很大且很快被解禁时，可提前解禁以期得到更好的解。

2.5.2 禁忌搜索算法应用设计

禁忌搜索算法广泛用于组合优化问题[138]，除了作为独立算法，禁忌搜索还可与其他算法结合形成互补。本节构建了一个基于关键块邻域的引入禁忌搜索的邻域搜索算子，对启发式遗传算法的性能改善起了关键作用。

在对 CB 邻域算法的实际应用中发现关键块邻域虽然搜索能力强，但存在不少缺点，较为突出的有如下两点。

（1）对已有调度运用 CB 邻域转换算子得到的新解中经常出现不可行解，这一问题可以通过对新解进行可行化判定解决。

（2）在邻域搜索过程中易出现"振荡"现象。"振荡"是指在搜索过程中两个可行解由于某种原因多次交替出现，使搜索无法取得进展。图 2-7 是出现振荡的一次搜索过程的曲线，搜索中交替出现两个相同的解，搜索曲线呈现有规律的波浪形。

出现振荡的可能原因：一是个别解的邻域过小（其邻居的邻域也过小），导致每次搜索都选中同一个邻居；二是邻域选择策略不合理，例如以"最近邻选择"为标准易导致振荡。对于关键块邻域搜索，出现振荡的原因多为第一种。以一个 6×6 为例，其关键块邻居数不超过 $m×(n-2)×2=48$ 个，与 2 变换邻域的规模（1190）相比大小悬殊，因此关键块邻域搜索中较易出现振荡，如图 2-7 所示。

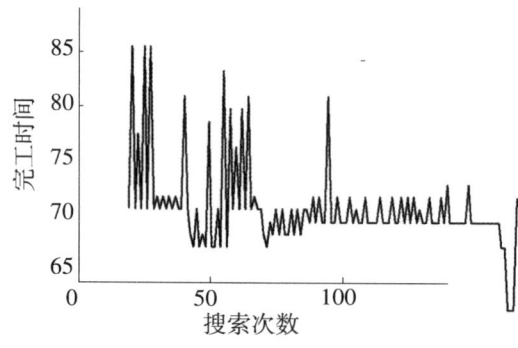

图 2-7 出现振荡的搜索

避免振荡的有效方法是引入禁忌搜索思想，禁止选取最近被选中的解；引入禁忌队列可在一定程度上避免陷入局部陷阱。

通过参考上述因素提出改进的关键块邻域算子如下：

算子名称：CB 邻域禁忌搜索算子

输入：初始解 S，禁忌队列长度 L

输出：新解 S'

  begin

  tabuList←∅；

  repeat//CB neighbor searching

    B←getCriticalBlock(S)；//one of the critical block

    g←select one from $\{x|x \neq B_{first} \wedge x \neq B_{last} \wedge x \in B\}$；

    $B'←\{g\} \oplus (B\setminus\{g\})$；//move g to the head of B

    $S'←S\setminus B \cup B'$

  until $f(S') < f(S) \wedge (S' \notin$ tabuList $\vee$ aspiration criteria = true)

$S \leftarrow S'$;
tabuList←{S}⊕tabuList;//add S into the head of tabuList
if|tabuList|>I then tabuList←tabuList\tail(tabuList);
output S';
end
其中：
getCriticalBlock（S）：获得调度方案 S 的一个关键块；
B_{first}，B_{last}：关键块 B 的第一和最后一个基因；
其他函数意义同"禁忌搜索"算法。

2.6 免疫算法及小生境免疫算法设计

2.6.1 概述

免疫系统是生物特别是脊椎动物必备的防御机理，它由具有免疫功能的器官、组织、细胞、免疫效应分子及有关的基因等组成，可以保护肌体抗御病原体、有害的异物及癌细胞等致病因子的侵害。这种系统具有免疫防护、免疫耐受、免疫记忆、免疫监视功能，尤其具有较强的自适应性、多样性、学习、识别和记忆等特点。这些功能和特点的结构给予研究人员较多的灵感，促成许多基于免疫机理的优化方法的建立。对免疫算法（immune algorithm，IA）的研究起源于 20 世纪 90 年代初期，逐渐发展成多种类别包括免疫遗传算法、免疫规划算法、克隆选择算法、模式跟踪算法等。由于免疫机理的复杂性，从免疫学原理出发的一般免疫算法框架尚未建立。

免疫算法作用于抗体群，抗体群以抗体为对象进行进化。其基本过程如图 2-8 所示。

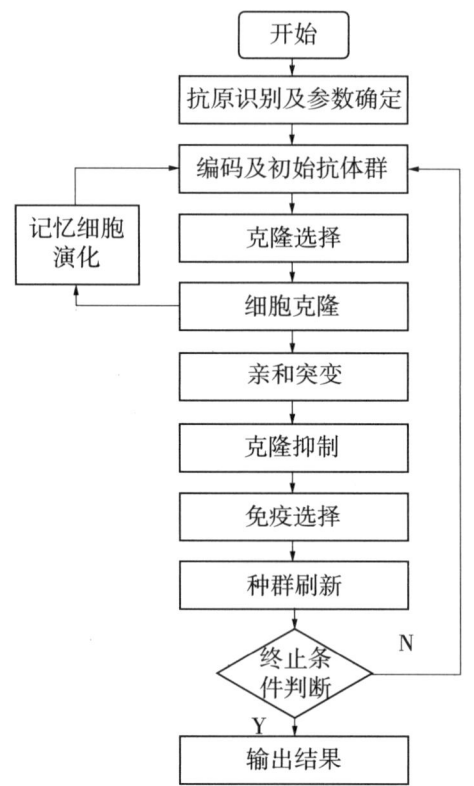

图 2-8 免疫算法基本流程

图 2-8 中：

克隆选择：进化群体中亲和力较高的抗体被选择。

细胞克隆：被选择的抗体各繁殖一定数目的克隆，为算法的局部搜索（亲和突变）做准备。

记忆细胞演化：分化的部分细胞作为记忆系统更新记忆池。

亲和突变：克隆细胞依据母体的亲和力进行突变。

克隆抑制：对经过变异后的克隆体进行再选择，抑制较差个体。浓度高及亲和力低的克隆被清除，不仅保存了克隆的多样化，而且为免疫选择算子选择存活抗体减轻选择压力。

免疫选择：依据抗体浓度及亲和力按概率随机选择抗体。

种群刷新：随机产生新抗体加入种群。

IA 与 GA 同属仿生算法，有不少相似之处，但 IA 也有其他算法不具备的特点，包括[139]：

（1）细胞克隆及亲和度突变的协作体现了邻域搜索及并行搜索特性。

（2）抗体的选择及突变受其亲和力制约，突变概率被动调节。

（3）搜索过程处于开采、探测、选择、自我调节的协调合作过程，体现了体液免疫应答中抗体学习抗原的行为特性。

（4）搜索过程处于开发的环境中，随时有新抗体加入种群，增强了种群多样性。

（5）算法的收敛对初始群体的分布无依赖性。

2.6.2 用于调度的小生境免疫算法

本节构造一个用于车间作业调度问题的免疫算法。算法除了对免疫算子进行了独特的设计，还引入小生境的概念提高种群多样性，称之为小生境免疫算法。

1. 参数设计

参数设计对免疫算法具有极为重要的影响，主要包括适应度、亲和度、抗体浓度和抗体激励度。

（1）适应度。

适应度也就是抗体与抗原之间的亲和度，为避免与抗体之间的亲和度混淆以"适应度"代替。对于以最小化为优化目标的调度问题，其适应度须对目标函数变形获得。本节定义适应度为

$$f(d_i) = \frac{\lambda \overline{F}}{F(d_i)} \qquad (2-4)$$

其中，d_i 为种群中第 i 个抗体；$f(d_i)$ 为抗体 d_i 的适应度；$F(d_i)$ 为抗体 d_i 的目标函数值（例如 makespan）；$\overline{F}$ 为初始种群的平均目标函数值；λ 为调节系数（λ 越大，各抗体间的适应度差距越大）。

（2）亲和度。

亲和度指抗体之间的相似程度，它是抗体浓度判定的基础。存在多种亲和度计算方法，令 d_i，d_j 分别表示两个抗体，各亲和度定义描述如下：

①基于适应度的亲和度 aff^F。

$$\mathrm{aff}^F(d_i, d_j) = \frac{1}{1 + |f(d_j) - f(d_i)|}$$

②基于欧氏距离的亲和度 aff^{EU}。

$$\mathrm{aff}^{EU}(d_i, d_j) = \sqrt{\sum_{k=1}^{L} (d_{ik} - d_{jk})^2}$$

式中，d_{ik}，d_{jk} 分别为抗体 d_j，d_i 的第 k 位编码；L 为编码长度。

③基于海明距离的亲和度 aff^H。

海明距离显示了编码之间的差异

$$\text{aff}^H(d_i, d_j) = \sum_{k=1}^{L} \eta_k \qquad (2-5)$$

其中

$$\eta_k = \begin{cases} 0, d_{ik} \neq d_{jk} \\ 1, d_{ik} = d_{jk} \end{cases}$$

④基于信息熵的亲和度 aff^E。

设 N 个抗体构成种群 P_N，基因的取值空间为 $G = \{g_1, g_2, \cdots, g_q, \cdots, g_n\}$，则等位基因 g_q 在基因座 k 上出现的概率为 aff^E。

$$p_{qk} = \frac{|\{d_j \mid d_j \in P_N \wedge d_{jk} = g_q\}|}{N} \qquad (2-6)$$

种群 P_N 的第 k 个基因的信息熵 $H_k(N)$ 为

$$H_k(N) = \sum_{q=1}^{n} -p_{qk} \log p_{qk}$$

P_N 的总体信息熵为

$$H(N) = \frac{1}{L} \sum_{k=1}^{L} H_k(N)$$

令 $N=2$，则得两抗体 i，j 组成的种群的信息熵，记为 $H_{i,j}(2)$。此时两抗体之间的亲和度为

$$\text{aff}^E(d_i, d_j) = \frac{1}{1 + H_{i,j}(2)}$$

其中，基于欧氏距离的亲和度定义不适合组合排列编码；基于适应度的亲和度易将编码结构不同但适应度相同的个体视为相近，也不宜用于本节；基于信息熵的亲和度定义了个体之间在信息含量上的相似性，但其计算过程复杂。经研究发现 aff^E 与 aff^H 之间存在确定的函数关系，有定理 2.2。

定理 2.2 基于信息熵的亲和度 aff^E 与基于海明距离的亲和度 aff^H 之间存在确定的函数关系。

证明：设两抗体 d_i，d_j 构成种群 P_N，$N=2$，基因的取值空间为 $G = \{g_1, g_2, \cdots, g_n\}$；在基因座 k 上出现的基因最多有两个，分别记为 d_{ik}，d_{jk}。分情况讨论如下：

当 $d_{ik} = d_{jk} = g_v$ 时，由式（2-6）可得

$$p_{qk} = \begin{cases} 1, & q = v \\ 0, & q = 1, \cdots, v-1, v+1, \cdots, n \end{cases} \Rightarrow$$

$$-p_{qk}\log p_{qk} = \begin{cases} -1 \cdot \log 1 = 0, & q = v \\ 0, & q = 1, \cdots, v-1, v+1, \cdots, n \end{cases} \Rightarrow$$

$$H_k(2) = \sum_{q=1}^{n} -p_{qk}\log p_{qk} = 0$$

当 $d_{ik} = g_v \neq d_{jk} = g_w$ 时，由熵的定义知（假设计算熵时对数以 2 为底）

$$p_{qk} = \begin{cases} 1/2, & q = v, w \\ 0, & \text{otherwise} \end{cases} \Rightarrow$$

$$-p_{qk}\log p_{qk} = \begin{cases} -1/2 \cdot \log_2 1/2 = 1/2, & q = v, w \\ 0, & \text{otherwise} \end{cases} \Rightarrow$$

$$H_k(2) = \sum_{q=1}^{n} -p_{qk}\log_2 p_{qk} = 1/2 + 1/2 + 0 + \cdots + 0 = 1$$

总结上述两种情况可得

$$H_k(2) = \begin{cases} 0, d_{ik} = d_{jk} \\ 1, d_{ik} \neq d_{jk} \end{cases} = \bar{\eta}_k = \begin{cases} 0, \eta_k = 1 \\ 1, \eta_k = 0 \end{cases}$$

其中，η_k 为式（2-5）中变量，$\bar{\eta}_k$ 表示对 η_k 取反。则种群的信息熵为

$$H_{i,j}(2) = \frac{1}{L}\sum_{k=1}^{L} H_k(2) = \frac{1}{L}\sum_{k=1}^{L} \bar{\eta}_k$$

$$= \frac{1}{L}(L - \text{aff}^H(d_i, d_j)) = 1 - \frac{1}{L}\text{aff}^H(d_i, d_j)$$

即两个体的信息熵与其海明距离呈线性关系。进一步得到基于信息熵的亲和度为

$$\text{aff}^E(d_i, d_j) = \frac{1}{1 + H_{i,j}(2)} = \frac{1}{2 - \frac{1}{L}\text{aff}^H(d_i, d_j)}$$

上式显示 $\text{aff}^E(d_i, d_j)$，$\text{aff}^H(d_i, d_j)$ 两者呈正增长关系。

证毕。

既然两种亲和度具有确定的函数关系，本节采用基于海明距离的亲和度计算方法（式 2-5）代替基于信息熵的计算方法以获得计算速度。

（3）抗体浓度。

抗体 d_i 浓度通常定义为

$$\text{den}(d_i) = \frac{1}{N}\sum_{j=0}^{N-1} \text{aff}(d_j, d_i), j = 1, 2, \cdots, i-1, i+1, \cdots, N$$

为使计算简便，借鉴基于信息熵的浓度定义，定义浓度为

$$\mathrm{den}(d_i) = \frac{1}{N}\sum_{j=1}^{N}\mathrm{sam}_{ij} \qquad (2-7)$$

其中，sam_{ij} 表示个体 i，j 间相似度：

$$\mathrm{sam}_{ij} = \begin{cases} 1, & \dfrac{\mathrm{aff}^H(d_j,d_i)}{L} \geqslant \mathrm{Th} \\ 0, & \dfrac{\mathrm{aff}^H(d_j,d_i)}{L} < \mathrm{Th} \lor i = j \end{cases}$$

其中，Th 为预先选定的阈值，一般选用较接近 1 的值，如 0.9。

本节采用式（2-7）作为浓度计算公式。

（4）抗体激励度。

激励度也称繁殖率，是抗体在细胞克隆过程中被选择的概率。激励度与抗体的适应度和浓度有关，适应度越大、浓度越低者繁殖率越大。常用的激励度公式有

$$\mathrm{ac}(d_i) = \frac{\alpha \cdot f(d_i)}{1 + \mathrm{den}(d_i)} \qquad (2-8)$$

或

$$\begin{aligned}\mathrm{ac}(d_i) &= \alpha \cdot p(f(d_i)) + (1-\alpha)p(\mathrm{den}(d_i)) \\ &= \alpha \cdot \frac{f(d_i)}{\sum_{j=1}^{N}f(d_j)} + (1-\alpha)\cdot\frac{1}{N}\exp\left(-\frac{\mathrm{den}(d_i)}{\beta}\right)\end{aligned}$$

其中，$p(f(d_i))$ 和 $p(\mathrm{density}(d_i))$ 分别为抗体的适应度概率和浓度抑制概率。α，β 是常数调节因子，$0 \leqslant \alpha \leqslant 1$，$0 \leqslant \beta \leqslant 1$。

一般来说，适应度较大的个体其后代个数也较多，因此浓度也较大；大浓度抑制了个体的激励度，避免了种群被超级个体垄断。但是对于浓度较大的个体群，即使单个个体激励度低，因相似个体数目大，该群的总体激励度仍然很大，种群依然被超级个体及其"近亲"组成的群垄断。为保持种群的多样性，以式（2-8）的激励度定义为基础设计基于小生境的动态激励度分配机制。

程序名称：小生境激励度分配

输入：种群 Pop = $\{d_i\}$，$i = 1, \cdots, N$

输出：各个体激励度 $ac(i)$

begin

  repeat {

```
    d←select one from Pop;
    niche←{x|x ∈ Pop ∧ sam_{d,x} = 1} ∪ {d};
    dm←arg max_{x ∈ niche} {f(x)};
```
$$\mathrm{ac(dm)} = \frac{\alpha \cdot f(\mathrm{dm})}{1 + \mathrm{den(dm)}/|\mathrm{niche}|} \tag{2-9}$$

$$\mathrm{ac}(d_i) = \frac{\alpha \cdot f(d_i)}{(1 + \mathrm{den}(d_i)) \cdot |\mathrm{niche}|}, \forall d_i \in \mathrm{niche} \setminus \{\mathrm{dm}\} \tag{2-10}$$

```
    Pop←Pop\niche;}
  until Pop = ∅;
  output ac(all);
end
```

其中，$\mathrm{sam}_{d,x}$ 为相似度（参见式（2-7）），ac（dm）为小生境中最优个体的激励度，ac（d_i）为小生境中其他个体的激励度，|niche|为集合 niche 的基数。

小生境指生物的特定生存环境[140]。一般来说，同类的生物喜欢同样的自然环境，因此生存在同一小区域中（小生境），导致同类生物之间对生存资源的激烈竞争。小生境激励度分配程序模仿这种竞争，令适应度最大的个体获得较高的激励度（根据式（2-9）），其他相似个体只能获得远小于它的激励度（式（2-10）），相当于最优个体"抢夺"小生境中其他个体的生存资源。这种激励度分配方式与式（2-8）相比可以更有效地避免种群多样性的丧失。

2. 算子设计

算法采用基于工序的编码，包括免疫选择、克隆、亲和突变、克隆抑制、记忆和种群刷新。各算子的说明如下：

免疫选择：根据抗体激励度选择优质抗体激活，激活个数由激励概率 P_a 决定。

克隆：抗体克隆数与适应度成正比；设被激活的个体有 j 个，令最小适应度的抗体克隆 1 个，最大适应度的抗体克隆 b 个，排在第 k 位的个体的克隆数为

$$\mathrm{round}\left(1 + \frac{k-1}{j-1}(b-1)\right) \quad (\mathrm{round} \text{ 表示四舍五入取整})$$

亲和突变：通过高变异获得比克隆母体更大的对抗原亲和度。采用三种变异方式：

①随机选择某一个作业号 j 和 k，将编码中所有 j 与 k 的位置互换；

②选择编码中某一部分，将该部分反序排列；

③随机选择染色体中一个断点，将断点之后的部分与之前的部分交换位置。

由于基于工序的编码染色体中存在很多重复的编码，因此对不同克隆副本采用不同的变异方式以增加变异个体的多样性。具体方法是在上述三种变异方法中随机选择。

克隆抑制：借鉴克隆选择算法[141]的思想，采用多克隆选择算子，在克隆基因时采用交叉操作，即，部分个体进行交叉获得新的克隆加入被挑选行列。如果有 c 个抗体被免疫选择，这些抗体两两交叉共可获得 $c \times (c-1)/2$ 个交叉后代。

记忆：保留种群中最优的个体存入记忆库。对生物免疫系统而言，记忆可以使得系统下次遇到同类抗原时迅速从记忆库产生亲和度高的抗体；但对算法而言，过往问题的解基本无参考价值，记忆只起保留最优解的作用。

种群刷新：淘汰种群中适应度排在最后的若干个体，以随机生成的新个体代替。

3. 算法描述及实例

算法名称：小生境免疫算法（NIA）

输入：JSP 各已知参数，群体规模 N，免疫选择概率 P_a，最大克隆数 b，种群刷新率 u

输出：近似最优解

begin
  Pop←initialize(N);
  repeat {
    AC←ac(Pop); //calculate the activation value;
    clonePop←activate(Pop, AC, p_a); //immune select
    mutatePop←mutate(clonePop, b);
    crossPop←crossover(clonePop);
    Pop←Pop∪mutatePop∪crossPop;
    bestOne←$\arg\max_{x \in Pop} \{f(x)\}$; //memorize
    Pop←Pop\{bottom(|Pop|−(1−u)N) antibodies in Pop};
    Pop←Pop∪{m antibodies randomly created} //update
  until stopCriterion
  output bestOne;
end

其中，activate（Pop，AC，p_a）为对种群 Pop 依据激励度 AC 以概率 p_a 活化个体①，$f(x)$ 为适应度函数。

构造上述算法的实例，令

种群规模：机器数×工件数×2

选择算子：等比级数排序选择

交叉算子：双点交叉算子 OX

免疫选择概率：0.45

抗体相似度阈值 Th：0.9

最大克隆数：4

种群刷新率：0.2

终止条件：运行超过 400 代；或连续 40 代无更优解获得

对 8 个算例（算例数据分别来自参考文献 [10] [180]）分别运行 20 次小生境免疫算法，将所得结果与启发式遗传算法比较如表 2-5 所示。

表 2-5　小生境免疫算法与启发式遗传算法的比较

算例	规模	启发式遗传算法 HGA			小生境免疫算法 NIA		
		最优	平均用时	均值	最优	平均用时	均值
MT06	6×6	55	55 s	55.2	55	35 s	55
MT10	10×10	930	10.3 ms	950.2	930	9.5 ms	938.3
abz7	20×15	665	19 ms	667.5	665	23 ms	673.5
abz8	20×15	676	14 ms	679.8	675	11 ms	677.1
abz9	20×15	686	13 ms	690	686	13 ms	691.1
LA21	15×10	1046	8.2 ms	1050	1046	7 ms	1049
LA24	15×10	935	8.3 ms	947.7	935	9.2 ms	951
LA40	15×15	1228	14 ms	1231	1233	9.9 ms	1241.5

表 2-5 显示了小生境免疫算法的运行结果。各次算法除算例 LA40 外都达到了最优。从平均值来看，对规模较小的算例（6×6，10×10，15×10 等）免疫算

---

① 此处的"activate"（活化）指对抗体的选择，等同于选择算子，与启发式遗传算法中的"激活算子"无关。

法优势明显，所得均值均优于启发式遗传算法，例如对 MT06 算例每次都达到了最优值；但在更大规模的算例上表现落后于 HGA，显示免疫算法的持续寻优能力稍逊于遗传算法。

2.7 几种算法的比较

对本章列举的快速模拟退火算法（QSA）[①]、启发式遗传算法（HGA）、小生境免疫算法（NIA）、文化算法（CA）进行综合比较。

硬件环境：CPU：pentium-m 处理器 1.73GHz；512M DDR Ⅱ 内存

软件环境：操作系统 Win Xp sp2，使用 matlab（R2007a）编程

运行 8 个算例各 20 次得到的数据如表 2-6 所示。

表 2-6 四种算法的比较

算例	规模	BKS	QSA			HGA			NIA			CA		
			B	t	均值	B	t	均值	B	t	均值	B	t	均值
MT06	6×6	55	55	10 s	56	55	55 s	55.2	55	35 s	55	55	55 s	55
MT10	10×10	930	993	2.3 ms	1001	930	10.3 ms	950.2	930	9.5 ms	938.3	930	11 ms	955
abz7	20×15	665	685	7 ms	695.3	665	19 ms	667.5	665	23 ms	673.5	665	16 ms	669.5
abz8	20×15	676	701	6.2 ms	722	676	14 ms	679.8	675	11 ms	677.1	676	9.9 ms	677.9
abz9	20×15	686	689	5.4 ms	690	686	13 ms	690	686	13 ms	691.1	686	7.8 ms	696.3
LA21	15×10	1046	1082	9.3 ms	1100	1046	8.2 ms	1050	1046	7 ms	1049	1046	5.9 ms	1060.4
LA24	15×10	935	966	5.4 ms	971.2	935	8.3 ms	947.7	935	9.2 ms	951	935	8.7 ms	939.6
LA40	15×15	1222	1301	8.5 ms	1308.6	1228	14 ms	1231	1233	9.9 ms	1241.5	1222	17 ms	1257.8

说明：BKS：目前已知（文献）最优解；B：20 次运行中获得的最优解；t：20 次运行的平均用时；均值：20 次运行获得的最优解均值。

表 2-6 显示快速模拟退火算法作为强调速度的算法，在优化能力上逊于其他算法。但是它耗时很少，具有明显的速度优势[②]。

[①]回火退火算法与快速模拟退火算法都源自模拟退火算法，相对而言后者更具研究价值，因此只取快速模拟退火算法参与比较 。

[②]由于各算例运行在 matlab 环境下，与其他参考文献中运行在 C 环境下的程序速度有很大差距；这与算法本身的效率无关。

启发式遗传算法吸收了瓶颈修复算子、关键块邻域和禁忌搜索的优势，是比较优秀的算法。但由于算子较多，运行较复杂，在时间效率上处于中等水平。

小生境免疫算法搜索效率高，用时也较少（与 HGA 相比）；其缺点在于对算例的规模较敏感，规模扩大时，算法的搜索能力有所降低；因此小规模问题上 NIA 优于 HGA，在大规模问题上稍逊于 HGA。

作为一种新型算法，文化算法在各个算例上都取得了很好的成果，它是四个算法中唯一在 LA40 问题上取得目前已知最优解的算法。通过信念空间与种群空间的互动，CA 获得了很好的寻优能力。但是与 HGA、NIA 相比它对同一算例的各次运算结果之间误差偏大，导致 20 次运算获得最优均值偏大。可能的原因在于：信念的提取具有较大的偶然性，算法对初始种群和种群空间的搜索状况依赖性过大。因此对 CA 的改进应围绕更好的信念提取方式来进行。

上述四种算法都不是某一单纯算法的代表，而是多种算法的结合，体现了当今算法研究的一种趋势。对本章提到的各单纯算法总结如下：

（1）顺排/倒排法运行速度快，总可以获得可行解；其缺点是优化能力低。

（2）模拟退火算法具有很强的寻优能力，缺点是运行的时间相对较长且对程序参数依赖性较强。在程序设置恰当的前提下其跳出局部陷阱的能力卓越，适合对时间效率要求不高、系统运算能力不强的环境。

（3）遗传算法通过并行搜索的方式求解，优化能力强，寻优速度快。但要发挥其优势需要高速运算能力支持；另外其局部寻优能力弱，且在搜索过程中易陷入"早熟"。遗传算法适合高速运算环境，通过强运算能力提高效能。

（4）禁忌搜索的速度相当快，有参考文献认为其高于遗传算法[142]，但它对初始解的依赖性强；一个较好的初始解可使算法在解空间中获得更好的解，而较差的初始解则会降低收敛速度。因此禁忌搜索非常适合与其他算法结合，利用其他算法提供的较优解作为初始解实现快速寻优。

（5）免疫算法搜索能力强，其基于浓度的克隆抑制机制可以很好地避免种群多样性的丧失。但纯免疫算法一般不包括抗体间的交叉操作，算法以高突变为主要进化手段，易陷入局部搜索陷阱。

（6）文化算法作为一种算法框架，具有非常好的并行性优点和对其他算法的兼容性。但算法对问题类型的依赖性强，信念空间的设计难度大（不存在标准的"文化"设计格式）。

（7）多种算法的混合可以综合各自的优点并弥补对方缺陷，对算法的改进有深刻的影响。总体来说各种算法都有其长处和不同的适用环境。

不同非数值算法的思想来自不同学科、领域，差异明显；将这些算法组合可以得到更优秀的混合算法。本章提出的创新算法都或多或少糅合了多种算法的理念。

将不同算法组合需要复杂的技巧和不断尝试，简单堆砌会造成适得其反的效果。如果使用算法集成的方法则可以避免组合所需的繁重工作，又能充分利用算法间的互补性。第 3 章将讨论基于多 Agent 系统的集成算法模型，在该模型中本章讨论的各类算法都可作为单独个体加入模型建立的求解机制中，形成具有更优性能和运算速度的集成算法体系。

第3章 基于 MAS 的算法集成调度模型

本章提出一个集成调度算法的黑板模型,各种算法被封装为 Agent 参与调度;对模型设计了优胜劣汰机制使各 Agent 处于竞争环境中,迫使它们对模型的运算速度或优化能力做出贡献。基于多方博弈观点分析了不同算法 Agent 在竞争中需采取的策略。算法 Agent 的封装对象主要为第2章列举的各类非数值算法,但不局限于此。模型以求解静态问题为主,但也可用于实时调度。

3.1 算法集成的思想

用于生产调度的算法种类繁多,各有优缺点,对具体调度问题很难在不做试验的前提下找到最合适的算法。解决算法选择问题的一个可行思路就是以某种方式将不同的算法集成起来,构建统一的求解机制,各算法都参与求解,从而避免了"寻找最合适算法"的难题。此外,与单一算法相比,算法集成还具有提升优化能力和适用范围广的优点。

从实用角度考虑,一个集成算法的系统应该具备以下特点:

(1) 柔性。系统的柔性只能是相对的,不存在"万能调度";但是对于一种企业生产环境如流水车间或作业车间,系统应能处理其绝大多数调度问题(不同规模、不同优化目标等)。

(2) 开放性。系统应能不断引进新的调度算法(以及淘汰效率低下的算法),同时不对系统整体结构或系统其他部件造成影响。

学术界对于调度问题的研究一直处于不断更新的状态,各种新型的调度算法层出不穷,一个开放性的集成调度环境便于保持系统的先进性,延长使用寿命。

(3) 分布式。系统应该具有形成分布式结构的能力。多种算法集成的系统,一般来说对运行环境要求较高,多数算法都会大量占用 CPU 时间,各个算法分布于不同节点所构成的分布式网络环境有利于充分利用资源和提高系统的抗打击性,而且易于集成现有系统,也易于扩充。

（4）快速。系统应能在满足应用时间要求的前提下工作。对调度系统而言，快速的概念可以是几分钟以内、一小时以内或一天以内输出调度方案，完全决定于使用者的需求。一般不要求达到与控制层相似的秒级甚至毫秒级的反应速度。

考虑到上述要求，本章构造了一个基于黑板模型的多Agent系统，各Agent封装了独特的调度算法来解决调度问题，通过黑板的信息共享机制实现各算法Agent在求解中的合作及竞争。

目前未见学术界对此类系统的构想，唯一查到的相近参考文献是赵博[143]提出的一种"基于多代理机制的算法动态集成方案"，将各种算法封装在Agent内部，一个Agent代表一种算法，各种类型的代理通过一定的协调机制共同合作完成问题的求解；在求解过程中由管理代理进行协调（可能是通过招投标机制）；同时考虑几个Agent组合解决问题。该参考文献对方案细节未做进一步研讨。本章提出的算法集成思想与参考文献［143］思路一致，都是谋求用多种算法解决一个问题；但提出的方案采用了与"投标法"完全不同的求解机制，也不考虑几个算法"组合解决问题"。本章基于多方博弈思想的模型运行机制设计也是其他参考文献没有的独特之处。

3.2 多Agent系统预备知识

3.2.1 Agent概述

1. Agent定义

学术界对于Agent的定义存在分歧，但多数AI研究者都认同Wooldridge[144]关于Agent的强定义和弱定义。在弱定义中，Agent是具有简单的自治性、社交能力和反应能力或主动能力（pro-activeness）的软硬件系统；在强定义中，Agent除具备以上特征外还具有其他用来刻画人类的特性的认知概念如知识、信念、意图、义务，以及情绪等。简单来说，一个Agent是一个系统软组件和/或硬组件，可以代表用户完成任务。

本文采用参考文献［145］给出的对Agent较正式的定义：

Agent是处在某个环境中的计算机系统，该系统有能力在这个环境中自主行动以实现其设计目标。

2. Agent属性

Agent应具备哪些基本属性尚未定论，最主要的属性包括以下四种。

(1) 自主性。Agent 运行时不直接受外界或其他 Agent 操纵，对自己的行为与内部状态有一定的控制力。这是 Agent 最基本的属性，是 Agent 区别于其他抽象概念如过程、对象的一个重要特性。

(2) 反应性。Agent 能够感知所处的环境，并通过行为对环境中相关事件做出适时反应。

(3) 社会性。即沟通能力。Agent 可能处于由多个 Agent 构成的社会环境中，通过某些交互途径与他人交换信息，协同完成自身问题求解，或帮助其他 Agent 完成相关活动。Agent 间通过某种通信语言相互交流信息，是 Agent 协同和合作的基础。

(4) 主动性。Agent 对环境做出的反应是目标导向下的主动行为，具有很强的目的性。在某些情况下 Agent 能主动产生目标，继而采取主动的行为。Agent 并不是简单地针对周围环境和其他 Agent 的信息做出反应，而是主动地与环境交互。

3. Agent 分类

从系统结构的角度，按照人类思维的层次模型，可以将 Agent 分为以下三类。

(1) 反应 Agent。反应 Agent 不包括符号系统，没有世界模型和规划。Agent 的内部仅由简单的行为模式构成，这些行为模式以刺激——应答的方式对环境的变化做出反应。反应 Agent 体现了行为主义的思想。

图 3-1 是一个反应 Agent 的基本结构。图中显示，Agent 通过传感器接收外界刺激引起对当前世界的描述的改变，然后从规则中找到适用于当前世界的行为输入执行器执行而影响环境。决策的过程简单直接，但前提是 Agent 拥有与当前世界相对应的规则。

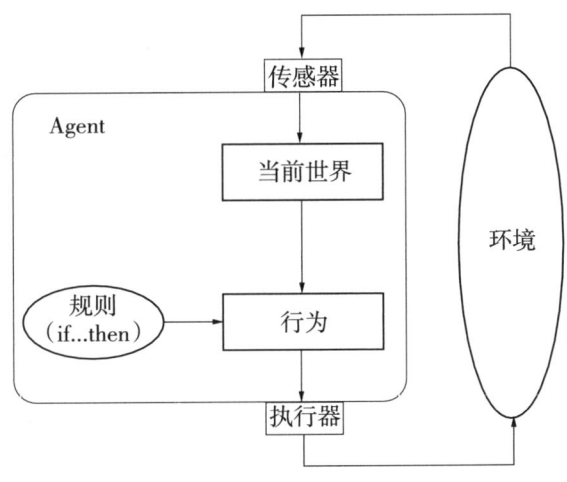

图 3-1 反应 Agent 基本结构图

（2）慎思 Agent。又称为认知 Agent，其结构沿袭了传统的符号表示和符号推理的人工智能体系，将个人智能领域的感知、学习、规则和方法等认知功能封装在一起构成自治 Agent，实现了功能的模块化。

图 3-2 是一个慎思 Agent 的基本结构。图中显示，Agent 通过传感器接收外界刺激，并结合 Agent 当前状态产生修改当前状态的描述，然后在知识库的支持下制订规则，再在目标的指引下，形成行为对环境发生作用。

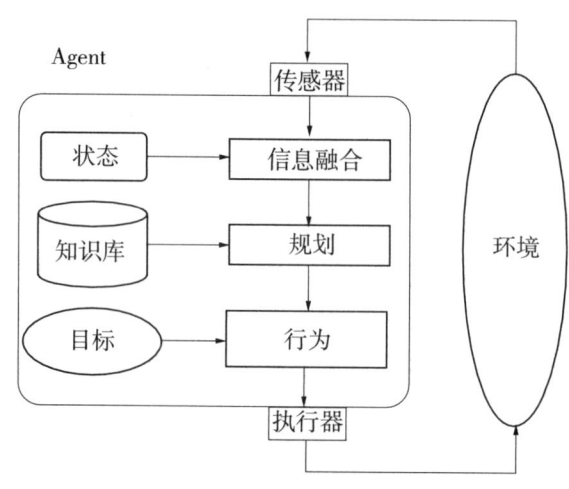

图 3-2　慎思 Agent 基本结构

（3）复合 Agent。研究发现，无论是纯粹的认知结构，还是纯粹的反应结构，都有其不可克服的缺点。认知结构复杂的逻辑推理体系使 Agent 的设计难以实现，而反应式 Agent 结构虽然简单，却因缺乏必要的领域指导，只能完成较简单的任务。为了发扬两种方式的优点，弥补各自不足，研究者将两种方式结合起来，提出复合 Agent 的体系结构，试图将传统和现代人工智能融合，形成具有推理机制和反应性的混合结构，称为复合 Agent。

3.2.2　MAS 概述

1. MAS 定义及特性

多 Agent 系统（MAS）就是由多个 Agent 组成的集合，其研究焦点主要是系统中各 Agent 之间的互动，包括竞争、协调、协商等。MAS 是一个高度交叉的研究领域，它吸取了诸如经济学、哲学、逻辑学、生态学和社会科学的众多内容。

正如人类群体协作的能力要远远大于个体能力一样，MAS 具有比单个 Agent 更高的智能性和更强的问题求解能力，当前 Agent 领域的研究也大多集中在 MAS 上。

2. MAS 模型和结构

MAS 的模型主要是指 MAS 中各 Agent 以何种组织形式工作，有时也称为求解机制。在 Agent 的研究过程中，为适应不同的应用环境，产生了不同的 MAS 模型，常见的有以下四种[146]。

（1）BDI 模型。

BDI 模型是一个在概念和逻辑上用来描述单个 Agent 思维状态的理论模型，它渗透到其他模型中，成为研究 Agent 理性和推理机制的基础。在把 BDI 模型扩展至 MAS 领域时，产生了联合意图、社会承诺、合理行为等描述 Agent 行为的形式化定义。

（2）协商模型。

协商思想产生于经济活动理论，它主要用于资源竞争、任务分配和冲突消减等问题。多 Agent 的协作行为一般是通过协作产生的。虽然各个 Agent 的行动目标是要使自身效用最大化，但在完成全局目标时，就需要各 Agent 在全局上建立一致的目标。合同网协议是协商模型的典型代表，主要解决任务分配、资源冲突和知识冲突等问题。

（3）协作规划模型。

MAS 的规划模型主要用于制订其协调一致的问题求解规划。每个 Agent 都具有自己的求解目标，考虑其他 Agent 行为与约束，并进行独立规划。

（4）自协调模型。

该模型是为适应复杂控制系统的动态实时控制和优化而提出来的。自协调模型型随环境变化自适应地调整行为，是建立在开发和动态环境下的多 Agent 系统模型。

MAS 的体系结构影响着单个 Agent 内部的协作智能，以及系统的异步性、一致性、自主性和自适应性，并决定信息的存储方式、共享方式和通信方式。体系结构中必须有共同的通信协议或传递机制。常见的体系结构如下：

（1）层级式。属于典型的从上到下的控制体系，类似于企业、公司或行政部门的结构。由于决策多数都必须由最顶层的一个或几个 Agent 做出，这种集中式的控制容易造成效率低下；但在一些各 Agent 通过负责不同功能来组成整体的 MAS 中，这种结构依然被采用。层级式的结构见图 3-3a。

（2）联邦式。若干个距离较近的（物理意义上或逻辑意义上）的 Agent 组成一组，它们之间的沟通通过中介（或称代理或管理者）进行，而不同组的 Agent 之间的沟通需借助中介与中介之间的信息传递进行。当某 Agent 需要某种服务时，它向其所在的组的中介发出一个请求，中介以广播方式发送该请求，或者把请求与其他 Agent 能力进行匹配，一旦匹配成功，就把该请求发送给匹配成功的 Agent。在这种结构中，一个 Agent 无须了解其他 Agent 的详细资料，灵活性较强。联邦式的结构见图 3 – 3b。

（3）网络式。Agent 之间直接通信，不通过任何中介。所有 Agent 组成一个点对点网络，每个 Agent 必须知道信息发送的时机和目的地，以及系统中哪些 Agent 可以合作，它们具有什么能力等，因此这种结构要求系统中每个 Agent 都拥有关于其他 Agent 的大量信息和知识。在开放的分布式系统中，这往往是难以实现的。当 Agent 数目较大时，这种点对点的结构将导致系统效率低下。网络式的结构见图 3 – 3c。

（4）黑板结构。黑板结构中的 Agent 通过共享数据存储——黑板实现局部数据共享。黑板只是一个被动的存储区域，一般也只适用于本地 Agent 之间的交互，如果需要与远程 Agent 沟通，则需采取其他方式。黑板结构中的数据共享要求群体中的 Agent 具有统一的数据结构或知识表示，限制了多 Agent 系统中的 Agent 设计和建造的灵活性。黑板结构见图 3 – 3d。

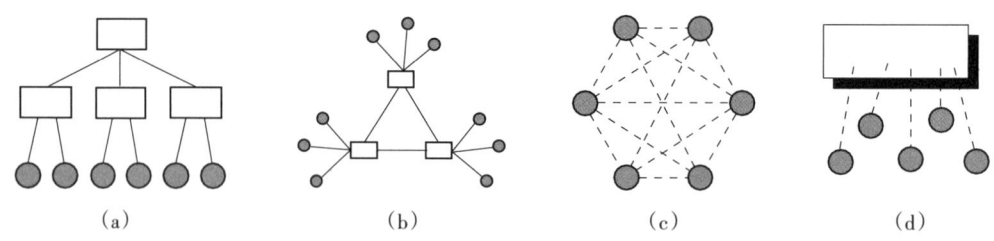

图 3 – 3　MAS 结构

3.2.3　黑板模型

黑板模型最早是 20 世纪 60 年代初期 Allen Newell 提出的，由于在语音识别系统 HEARSAY Ⅱ 应用成功而知名；Newell 等人在研究诸如跳棋程序、定理证明程序等组织结构问题时发现，如果能保持各程序模块的分离和独立性，并允许所有子程序使用一个公共的数据结构就可以使整个系统变得灵活、易于修改和扩充。

Newell 称这样的系统为黑板。70 年代初期,卡耐基-梅隆大学提出黑板问题求解模型,即黑板模型。其基本思想是:多个专家协同求解一个问题,黑板是一个共享问题的求解空间,所有专家都能"看到"黑板。当问题和初始数据记录到黑板上,求解开始,所有专家通过"看"黑板寻找利用其专家经验和知识求解问题的机会。当一个专家发现黑板上的信息足以支持其进一步求解问题时,就将求解结果记录在黑板上;新增加的信息有可能使其他专家继续求解。重复这一过程,直到问题彻底解决,获得最终结果。

黑板模型主要由"黑板"、知识源(knowledge source)和控制机构三大部分组成。"黑板"是一个分层的全局工作区(或称全局数据库),知识源是一个知识模块。黑板结构中具有多个知识源,每个知识源能用来完成某些特定的解题功能。知识源的先决条件一旦与黑板状态匹配,该知识源便被激活,知识源的求解结果将导致黑板状态的变化。知识源之间互相独立,只能通过黑板进行通信和互相调用。控制机构是求解问题的推理机构,由监督程序和调度程序组成。

3.3 集成调度模型设计

3.3.1 形式化定义及 Agent 结构

本模型产生的目的是解决调度问题,因此知识源由封装了算法的 Agent 组成。模型中算法的个数是不确定的,算法 Agent 随时可以退出或加入模型,形成开放的求解机制。

在模型中引入一个管理 Agent,将其命名为黑板 Agent(blackboard Agent,BA),负载对黑板的维护和主持整个求解过程;知识源也就是算法 Agent(algorithm agent,AA)。模型的形式化表述为

$$M_c = \{BB, BA, G, P, Ex, S\}$$

其中:

BB——黑板。黑板作为一个公共数据区域,允许所有专家组成员阅读和改写。

BA——黑板管理者。管理者负责求解过程的发起和结束,并进行全程监控。在监控过程中对取得新解的"专家"发放奖金。

G——调度目标。调度开始前由决策者指定,它也是 BA 管理者挑选专家的依据。可以包含多目标。

P——求解规则。规定了各 Agent 的行为。

Ex——专家组，即参与问题求解的算法 Agent 的集合。

S——调度方案。它在黑板上被不断更新直至截止时间。

为了衡量各 Agent 代表的算法的能力高低，建立虚拟货币机制，对解决问题的 Agent 进行奖赏。算法 Agent 之间互不通信，黑板成为唯一联系媒介；黑板也实现了算法 Agent 之间的竞争和间接协作：抢先发表更优解的 Agent 将获得奖励；另一方面，每一个被发表的更优解都可以作为算法 Agent 重新计算的起点，避免了从零开始。

图 3-4 显示了集成调度黑板模型的架构。AA 组成专家组，它们无须与其他 Agent 沟通，专注于问题的解决，唯一的信息获得方式来自黑板；BA 担任悬赏者的角色，在主持求解过程的同时为取得进展的 AA 颁发奖金。

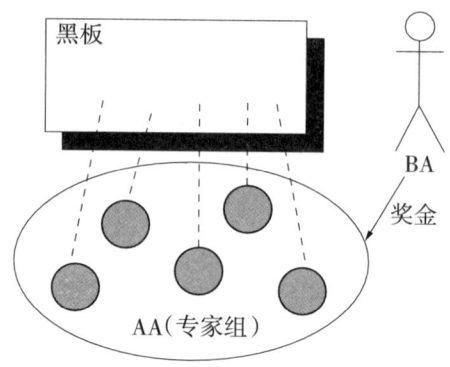

图 3-4　黑板模型

黑板中只存在两类 Agent，以下是对模型中 Agent 结构的 BNF 描述：

〈Agent〉∷=〈标识符〉〈控制器〉〈数据库〉〈知识库〉〈通信接口〉

〈标识符〉∷=〈Agent 标识符〉

〈控制器〉∷=〈分析器〉〈执行器〉

〈数据库〉∷=〈〈算法数据〉〈奖金数〉〉|〈黑板管理数据〉

　〈算法数据〉∷=〈算法具体结构〉

　〈黑板管理数据〉∷=〈求解序列〉〈总更新次数〉{〈专家求解记录〉}

　　〈求解序列〉∷={〈更新次数〉〈目标值〉〈求解者 ID〉〈授予奖金数〉}

　　〈专家求解记录〉∷=〈专家 ID〉〈专家持有奖金〉

〈知识库〉∷=〈本体知识〉〈决策知识〉〈方法知识〉〈通信知识〉

　〈本体知识〉∷=〈概念类〉〈关系〉

〈决策知识〉::={〈决策规则〉}
〈方法知识〉::={〈方法〉}
〈通信知识〉::=〈〈黑板地址〉〈黑板读写协议〉〉|〈〈AgentID〉〈Agent 地址〉
　　　　　〈协议〉〉
〈通信接口〉::=〈述行语〉〈通信内容〉
〈述行语〉::="读黑板"|"写黑板"|"授予奖金"

本章以 Agent 之间的业务逻辑为重点,对 Agent 内部结构进行了相对简化的统一处理。借鉴反应式 Agent 和慎思 Agent 的结构,设计本章所使用的 Agent 统一结构如图 3-5 所示。

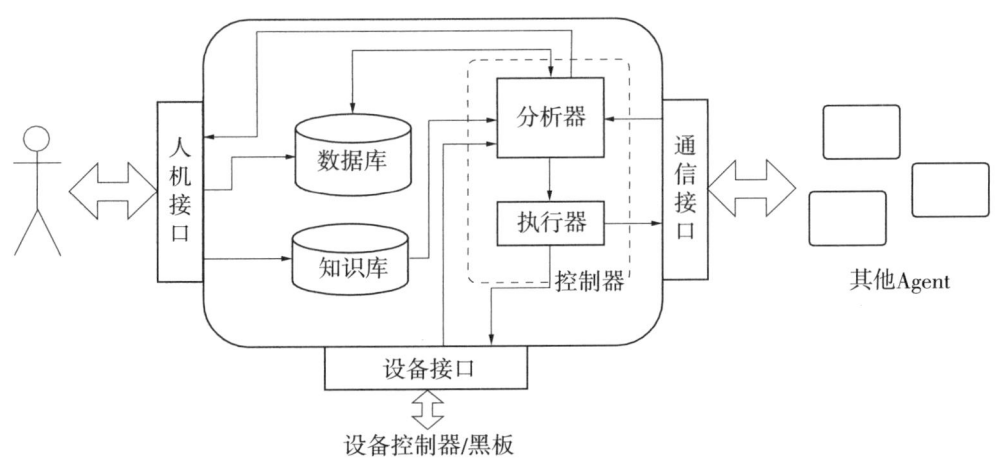

图 3-5　统一 Agent 结构

本章使用的 Agent 的设备接口全部指向黑板,通信接口只用于 AA 和 BA 之间的通信。

黑板的数据结构可以用四元组定义:

$$BB = \{问题信息, 解信息, 截止时间, 更新次数\}$$

其中,截止时间在实时调度环境和静态调度环境下有不同的形式:

$$截止时间 = \begin{cases} 总调度终止时间, & 静态调度 \\ \{单次调度终止时间, 总调度终止时间\}, & 实时调度 \end{cases}$$

具体含义见 3.3.3 节。

3.3.2 求解机制设计

1. 激励机制的规则设定

为保证模型中各算法 Agent 都能最大限度地发挥其功用以及避免求解过程中的无序状态,必须为模型设定规则以激励各算法 Agent 为求解做出贡献。本章引入一个虚拟货币机制,将虚拟货币作为奖赏授予表现优秀的 Agent,并设定算法 Agent 存在的唯一目的是获得尽可能多的"货币"。

该机制由 BA 建立并维护。BA 必须主持模型的求解过程,并使该过程符合两个条件:

(1) 尽可能快地输出优秀解,以满足用户对求解时间的要求(速度要求)。

(2) 输出尽可能好的最终解,以满足用户对优化的要求(优化要求)。

第 2 个条件是众多优化理论研究的目标,第 1 个条件则常被忽视;但在强调实用性的环境中,速度要求必须被提到和优化要求同等重要的位置上来。一般对优化要求无法提出量化标准,但对速度要求可以提出明确的截止时间,即,模型必须在该时间之前提出解决方案。

因此,BA 必须在满足截止时间的前提下激励各算法 Agent 提出最优的方案以尽可能好地完成任务,激励的方式是为提出当前最优解的 Agent 颁发以虚拟货币表示的"奖金"。既然对问题能优化到何种程度一无所知,对 BA 颁发奖金的限额也无法确定,因此有规则 I。

规则 I:BA 可以颁发无限的奖金。

AA 为获得奖金提出解决方案,该方案必须优于黑板中保存的方案。对应有规则 II。

规则 II:AA 可以在黑板上用自己计算所得的新解覆盖旧解以获得奖金,但新解必须比旧解更优。"更优"定义为:新解 S' 的目标函数值 $f(S')$ 小于旧解 S 的目标函数值 $f(S)$。

模型采用并发控制机制避免多个 Agent 同时写黑板。

在规则 I 和规则 II 的约束下,各 Agent 为获得奖金必将争先提出新解。但是可能出现这样的 Agent:它提出的新方案满足 $f(S') < f(S)$ 的条件,但两者之差 ε 非常小,以至于其优化作用可以忽略不计。为了获得奖金,AA 在寻优过程中取得任意小的 ε 都会改写黑板,导致系统通信资源紧张,取得的进展却非常小。为禁止这种频繁改写黑板的低效行为,有规则 III。

规则 III:AA 每次改写黑板后,必须经过一段"冷却时间"方能再次改写黑板。冷却时间不小于常数 T_{cool}。

T_{cool} 由 BA 指定，一般等于 AA 平均写一次黑板所需时间的整数倍。另外 T_{cool} 还应和提前期有关（模型从启动到截止时刻的时间段称为提前期，lead time），较小的提前期允许较频繁地改写黑板，也就是较小的 T_{cool} 值。如果希望整个求解过程黑板被改写不少于 N 次，则有

$$\frac{\text{lead time}}{N} > T_{cool} > k \cdot \bar{t}_{writeBlackboard}$$

其中，k 为整数，$\bar{t}_{writeBlackboard}$ 为平均写一次黑板所需的时间。

另外，为防止 AA 在模型启动瞬间通过提出无价值的随机解来"套取"奖金，设立规则Ⅳ。

规则Ⅳ：所有 AA 在模型求解开始时都是"热"的。

也就是说模型启动后所有 AA 需经过不少于 T_{cool} 时间的"冷却"才能开始写黑板。

BA 颁发奖金的多少是 AA 价值取向的重要决定因素。奖金的影响因素如下：

① 时段因素。

模型的求解过程是渐进式的，BA 必须为每次黑板的更新颁发奖金。在符合规则Ⅲ的前提下依然会出现本次改写黑板与上次的时间距离很小的情况；这种情况可能加重模型运行负担，应该避免；故将两次改写黑板的时间间隔作为奖金的影响参数之一，设计 AA 获得的时段奖金为

$$B_{period} = A + period \cdot u \tag{3-1}$$

其中，A 是常数，为每次改写黑板获得的固定奖金；period 为本次改写到上次改写的间隔时段；u 为浮动奖金单价。

式（3-1）表示时段奖金分为固定奖金与浮动奖金两部分，固定奖金在每次改写黑板时都能获得，浮动奖金随两次改写时间距离增大而增大。

② 时刻因素。

在不同的时刻改写黑板理应获得不同数量的奖金，这与组合优化问题的求解过程有关。对于以搜索为主的优化算法，要在搜索后期取得与搜索初期同样快速的进展是不可能的，向最优解前进一小步需要付出更大的（时间）代价。图3-6是使用2变换邻域搜索法解 FT10 问题时获得新解的次数与所耗时间的曲线（两次运行故有两条曲线）：

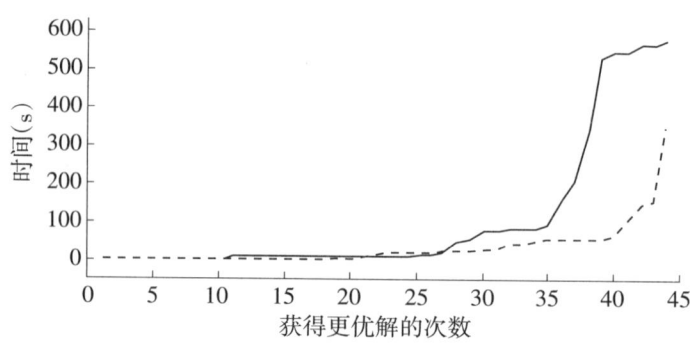

图 3-6　局部搜索获得更优解所需时间示例

图 3-6 中两次运行都显示同一种趋势：随着搜索进行到某一时刻，获得更优解所需时间急剧增加。不同的算法增加方式可能不同，但这种趋势是存在的。为真实地反映这一趋势，将时刻因素对奖金的影响用系数表示；设提前期为 L，希望在 αL 时刻 $\psi(t)$ 开始变化并在截止时达到 β，则有

$$\psi(t) = \begin{cases} 1, & t \leq \alpha L \\ \exp\left(\dfrac{\ln\beta}{(1-\alpha)L}(t-\alpha L)\right), & t > \alpha L \end{cases}, \quad 0 < \alpha < L, \beta > 1$$

得最终的奖金计算公式：

$$B = \psi(t) \cdot B_{period} = \psi(t)(a + \text{period} \cdot u) \tag{3-2}$$

规则 Ⅴ：截止时间到达，或所有 AA 放弃运算时求解过程终止。

规则 Ⅴ 是为了避免截止时间非常宽松的情况下，模型在已不能取得进展时虚耗资源。当求解过程结束后，模型运行停止，这时各 AA 进入休眠状态，其进程被终止，其最终运行参数被存入 Agent 库，包括规则 Ⅵ、规则 Ⅶ。

规则 Ⅵ：模型终止时各 Agent 获得的奖金作为存款保存。

虽然虚拟货币不能作为真的货币使用，但它是衡量算法性能的重要依据。因此 AA 的存款可作为 BA 建立专家组的参考，存款额高的 AA 将被优先选中进入专家组。

规则 Ⅶ：存款较多的 AA 优先进入模型参与求解。

存款还可作为淘汰依据，即系统资源紧张时，存款总数最低的一个或几个 AA 将被淘汰（它所代表的算法被抛弃）。

2. 算法 Agent 博弈对策分析

规则 Ⅰ～Ⅶ 为各算法 Agent 构造了一个运行环境，各 AA 构成了一个多方博弈模型。它是一个非合作博弈模型，AA 之间互相竞争，在任一时刻只有一个可以改

写黑板获得奖金；其次它是一个重复博弈模型，每次改写黑板可视为一步，步数不定，最后各 AA 不可能对其他 AA 的信息完全了解，因此这是一个不完全信息多人重复博弈模型，各局中人可视为完全理性。

为满足求解的速度要求和优化要求，AA 必须在运算速度和优化能力上突出才能取得竞争优势。一般而言两者难以兼顾，多数算法总是偏向某一个方面，因此可以将模型中的算法粗略分为两类：以速度为主的快速算法和以优化为主的优化算法。快速算法为了取得竞争优势，在求解过程的前段必须尽快计算、尽快输出新解。在这一阶段优化算法无法与快速算法竞争。在求解过程的后段快速算法已无法提出新解，优化算法成为主角，通过不断挖掘搜索空间输出更优解。虽然最终输出的解是优化算法提出的解，但求解是一个渐进式优化过程，快速算法同样做出了贡献：它们提出的早期解为优化算法的进一步搜索提供了起点。可以说优化算法是站在快速算法的肩膀上使得模型整体优化能力得到提高。

为了更好地利用快速算法的力量，优化算法应采取"延迟起动"策略。为便于分析对模型予以简化。假设模型中只有两个局中人：一个快速算法 Agent（quick Agent，QA）和一个优化算法 Agent（slow Agent，SA）。其他假设如下：

（1）两者在 $t=0$ 时刻，也就是模型起动瞬间能获得的初始解相同，都是某随机构造的解 S_0，对应函数值 $f(S_0)=f_0$；解的优化方向是最小化。

（2）QA 的优化速度为 v_q（所得新解的函数值随时间下降的速率），优化能力为 $1/a_q$。a_q 是大于 1 的数，表示算法能获得的最优解的函数值最多是 f_0 的 $1/a_q$ 倍；此后无论运行多久都不能得到更优解。

SA 的运算速度为 v_s，优化能力为 $1/a_s$。

显然 $v_q > v_s$，$a_q < a_s$。

（3）QA 和 SA 运算需消耗资源 C，消耗费用单价皆为 c；令 $C = T_{cool} \times c$ 为时段 T_{cool} 内的资源费用。不运算时消耗资源费用单价远小于 c，可视为 0。

（4）模型求解过程充分长，黑板需多次改写。

$t=0$ 时刻，模型求解机制起动，两个 AA 都有两个策略可选择：起动和不起动。如果选择不起动则收益为 0；如果选择起动，QA、SA 经历一个冷却时段 T_{cool} 后获得新解的函数值分别为

$$f_1^Q = f_0 - T_{cool} \cdot v_q$$
$$f_1^S = f_0 - T_{cool} \cdot v_S$$

其中，f_1^Q，f_1^S 分别表示 QA 和 SA 在第 1 个 T_{cool} 时段后能获得的最优解函数值。

由于 $v_q > v_s \Rightarrow f_1^Q < f_1^S$，故 QA 改写黑板，获得奖金设为 B。考虑到消耗资源的费用 C，得收益矩阵：

		QA	
		起动	不起动
SA	起动	$(-C, B-C)$	$(B-C, 0)$
	不起动	$(0, B-C)$	$(0, 0)$

显然 QA 的占优战略是起动，因此 SA 只能选择不起动以避免损失，该博弈的纳什均衡为（不起动，起动）（第一个元素对应 SA 的战略）。

黑板第 1 次被改写后 QA 和 SA 又有两个策略可选：起动或不起动。选择不起动则收益仍然为 0；若选择起动，再经过一个 T_{cool} 时段，两者获得的新解的函数值分别为

$$f_2^Q = f_1^Q - T_{cool} \cdot v_q$$
$$f_2^S = f_1^Q - T_{cool} \cdot v_S$$

f_1^Q 是黑板数据，因此博弈双方都以 f_1^Q 为优化起点。同样由于 $v_q > v_s$，依然是 QA 改写黑板，获得奖金 B，收益矩阵与前同。于是 SA 继续选择不起动而 QA 选择起动。

这种局面在 QA 的优化能力达到顶点时发生改变。假设这一情况发生在 $k \times T_{cool}$ 至 $(k+1) \times T_{cool}$ 时段内，则有

$$\frac{f_0}{a_q} > f_0 - k \cdot T_{cool} \cdot v_q \Rightarrow$$

$$f_{k+1}^Q = \max\left\{\frac{f_0}{a_q}, f_0 - k \cdot T_{cool} \cdot v_q\right\} = \frac{f_0}{a_q}$$

此时若 SA 选择起动，它获胜的条件是

$$f_k^S = f_{k-1}^Q - T_{cool} \cdot v_s < \frac{f_0}{a_q} \Rightarrow$$

$$f_0 - (k-1) \cdot T_{cool} \cdot v_q - T_{cool} \cdot v_s < \frac{f_0}{a_q} \Rightarrow$$

$$k > \frac{f_0}{T_{cool} v_q}\left(1 - \frac{1}{a_q}\right) - \frac{v_s}{v_q} + 1 \tag{3-3}$$

k 满足上述条件时，SA 的占优战略是起动，QA 的占优战略是不起动。其后 QA 已无法取得更优解，因此 SA 保持起动，QA 保持不起动。将模型整个求解过程视为一个多步博弈，则存在纳什均衡：

$$(\{\underbrace{\text{不起动},\cdots,\text{不起动}}_{k-1\uparrow},\text{起动},\text{起动},\cdots\},\{\underbrace{\text{起动},\cdots,\text{起动}}_{k-1\uparrow},\text{不起动},\text{不起动},\cdots\})$$

要达到上述均衡在局中人的策略组合中还隐含一个限制条件：局中人从不起动到起动的转换只能最多发生一次，同样从起动到不起动的转换也只能发生一次。这一限制符合模型的实际需要：算法的频繁起动和停止除了增加资源消耗和减缓速度外无任何积极作用。

从全局的角度看，最终解的取得是两局中人协作的结果：QA 负责前部分的运算，SA 负责后部分的运算，因此黑板模型可视为"竞争中有协作"的模型。QA 的主要贡献在于运算时间的缩短，缩短量为

$$\Delta T = \frac{(k-1)T_{\text{cool}}v_q - (k-1)T_{\text{cool}}v_s}{v_s}$$

$$= (k-1)T_{\text{cool}}\left(\frac{v_q}{v_s} - 1\right)$$

上式虽然基于"匀速优化"的假设，但如果将 v_q，v_s 视为两算法的平均优化速度，ΔT 依然有参考价值。

真实的黑板模型中一般不止两个算法 Agent，但如果将上述博弈模型中的两个局中人分别用快速算法 Agent 群和优化算法 Agent 群代替，依然可以得出结论：优化类算法应该选择"延迟起动"策略以获得最大收益。

进一步假设模型中有 n 个算法 Agent，将它们按平均优化速度降序排列为

$$A_1, A_2, \cdots, A_i, \cdots, A_n$$

则可以将 A_i 视为局中人 SA，$A_1, A_2, \cdots, A_i$ 视为局中人 QA 构成上述双人博弈模型（暂不考虑排在 A_i 之后的 Agent）。A_i 无法与 QA 中的任何一个 Agent 在速度上竞争，特别地，它也无法和其中最慢的 Agent A_{i-1} 展开竞争，则由式（3-3）得

$$k_i > \frac{f_0}{T_{\text{cool}}v_{i-1}}\left(1 - \frac{1}{a_{i-1}}\right) - \frac{v_i}{v_{i-1}} + 1$$

A_i 的起动时刻为 $k \cdot T_{\text{cool}}$。考虑到"匀速优化"的假设难以成立，为保险起见将起动时刻适当提前，得修正的起动时刻为

$$t_i^{\text{start}} = (k_i - F)^+ T_{\text{cool}}$$

其中 F 为某确定整数，"+"表示括号内的数值小于 0 时以 0 代替。为使各 Agent 冷却时刻相互错开，在起动时刻中增加一个随机扰动得

$$t_i^{\text{start}} = (k_i - F - \text{rand})^+ T_{\text{cool}} \tag{3-4}$$

其中，rand 为 $0 \sim 1$ 间的随机数。

各算法的平均优化速度 v 和优化能力系数 a 可由试算若干个标准算例得到，

在模型中作为公开数据被所有 Agent 访问。

除了选择恰当的起动时刻外,算法 Agent 还必须在其结构中引入数据接口以实时监测黑板的信息。总结算法 Agent 在模型中的策略如下:

策略Ⅰ:根据式(3-4)确定起动时间。

策略Ⅱ:随时监测黑板,如黑板当前解优于算法自身当前解,则将其吸收(到自身进程中);否则如果冷却时间已过,立即改写黑板。

3. 算法 Agent 个性设置

为了能很好地适应黑板模型,各算法 Agent 除采取上节描述的统一策略外,还须针对自身特点形成个性化策略。下面对第 2 章所述各算法逐一讨论。

(1) 顺排/倒排法优化能力弱,但结构简单,速度快,属单纯的快速算法。单纯邻域搜索类算法(爬山法)也属此类算法。无须特别设置。

(2) 模拟退火算法的参数对算法性能影响很大,在模型中可采用动态的参数设定,还可分步骤应用多种改进模拟退火算法:在初始阶段选择较小的 Markov 链长,增加局部搜索操作,等同于快速模拟退火算法;在收尾阶段采用大链长做深度搜索;如果提前期较长,还可进行多次回火操作(类似回火退火算法)。

(3) 遗传算法优化能力强,基本可适应各种问题。在求解过程初期采用小种群、较高变异率,其后逐渐加大种群,不断吸收黑板提供的新个体;如使用本章提出的启发式遗传算法,在初期可以暂停瓶颈修复算子(因其耗时较长),后期启用以提高优化能力。

(4) 禁忌搜索的速度相当快,有参考文献认为其速度高于遗传算法[142],但它对初始解的依赖性强,为获得优秀的初始解应该在参照式(3-4)的基础上进一步增加延迟起动时间。

(5) 免疫算法以控制种群中个体的浓度为特色,除了增加对黑板实时监测的接口外,无须针对模型作其他改动。

(6) 文化算法的信念空间构造严重依赖于种群的最优解;由于黑板可以持续提供最优解,文化算法是从模型中得益最大的算法。一般来说 CA 不属于快速算法行列,无须首先起动,但可修改其运行方式为异步运行,即模型启动时首先构建信念空间(此时种群空间为空),信念空间借助黑板上的最优解不断进化;待算法全面起动时,已经获得了较成熟的"文化"指导种群空间的进化。另外文化算法的种群进化依靠遗传操作,可借用遗传算法的个性化策略。

各种非数值算法混合形成的算法常常具有多方面的优势,在黑板模型中应大量引进此类算法。对于其他的调度算法和实时调度算法,同样可以根据其自身特点设计相应的结构以适应黑板模型，此处不再赘述。

经过相当长时间的运行，模型中的算法 Agent 将呈现两极分化：运算速度快的算法和优化能力高的算法组成两大集团。类似于生态系统中的小生境，集团内部同质 Agent 间的竞争将远比两集团之间的竞争更为激烈。在运算速度和优化能力上都不具特色的算法得不到奖金，将处于被淘汰的境地。从模型的全局角度看，这种趋势有利于整体效率的提高，模型的快速求解和优化求解能力将得到很好的保证。

3.3.3 结构及流程设计

黑板模型主要针对静态调度，也可用于实时调度；只要将实时调度过程拆分得足够细，每一小段可视为一个静态问题，采用"滚动再调度"的方式调度。由于静态调度和实时调度对调度方案的要求不同，模型运行也必须分离线和在线两种模式（分别对应静态和实时调度），以下分节描述，如图 3 – 7 所示。

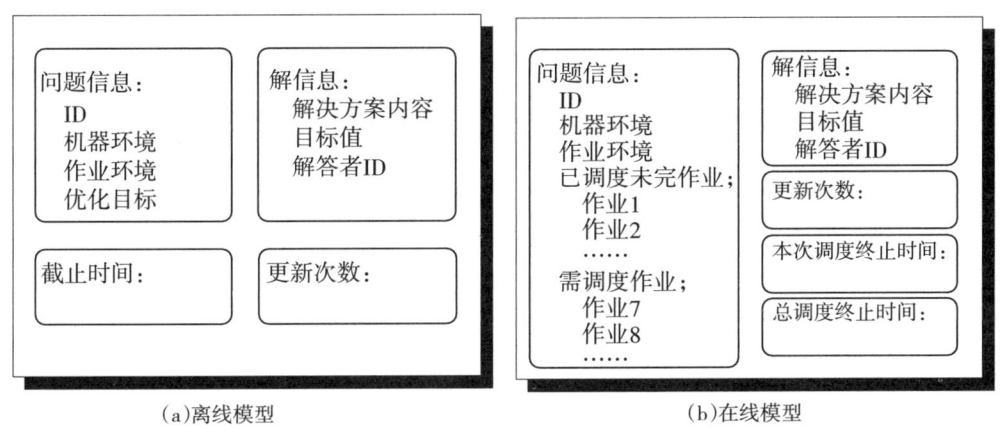

图 3 – 7 黑板格式

1. 离线模型

离线模型用于解决静态调度问题。问题附带一个截止期参数①，模型必须在此截止期之前提出调度方案。

由于解决的问题单一，黑板采用简化的结构：黑板由几个数据域构成，包括问题信息、解信息、截止时间、更新次数等，其形式见图 3 – 7a。黑板一次只显示一个解，也就是到目前为止的最优解；在求解过程中，解信息一再被改写直至截

---

① 截止期也就是输出调度方案的截止时间，不是工件的交货期。它一般由设计者根据各作业的交货期和各作业的加工所需时间综合考虑后给定。

止，"更新次数"显示解信息累计被改写的次数。黑板本身拥有一个串行机制（类似于数据库的并发控制），保证一次只能有一个 Agent 改写黑板。

问题到达前模型中只有 BA 一个 Agent，处于等待状态。一旦接收问题，BA 通过分析其特征寻找适合解题的算法 Agent，将其激活（生成 Agent 实例）投入到"专家组"中。专家组构成逻辑上的小组，小组成员可查看黑板并提出解。BA 在建立专家组时必须考虑系统资源的多少以决定专家组成员的数目；挑选 Agent 的依据是其类型以及"存款"的多少。

BA 在黑板上公布问题的全部已知参数，然后各 AA 开始求解工作。一旦求得一个解，该 AA 立即在黑板上公布自己的发现（冷却状态下），同时获得 BA 颁发的一笔奖金；之后所有 AA 继续寻求更好的解（基于已有的解）；如果某个 AA 当前求得的解劣于黑板上已公布的解，它不能改写黑板（假设所有 Agent 都是诚实的，不改写是它的自觉行为），只能继续寻求更优秀的解。一旦调度截止时间到达，BA 解散专家组，关闭黑板，同时将目前为止所得到的最优解作为最终调度方案输出。如有新问题到达，BA 可重组专家组，否则 AA 被终止，终止前所获得的奖金数被存入其存款保留在数据库中。图 3-8 显示了求解的流程。

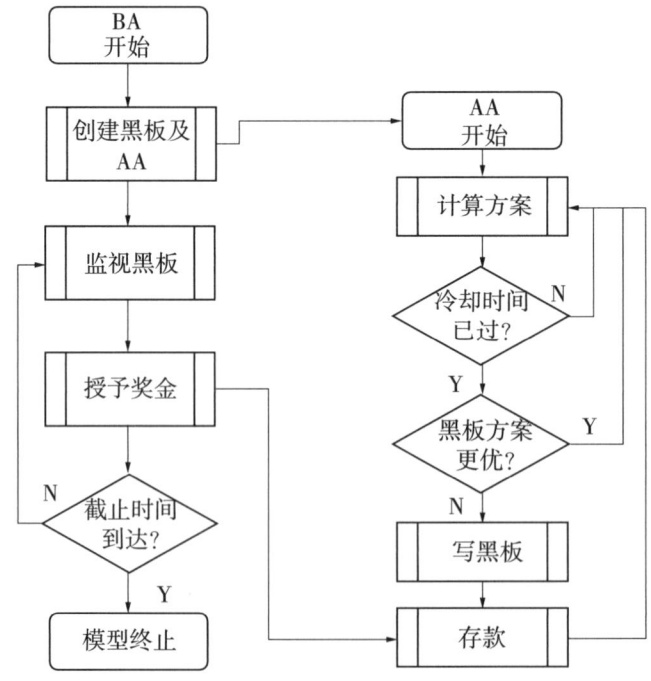

图 3-8 离线调度流程

模型还必须处理一种极端情况：调度截止期内没有任何一个 AA 提出解决方案。这种情况更常见于在线模型。

2. 在线模型（滚动再调度模型）

在线调度比离线调度复杂，需要更细致的设定。首先，黑板的"问题信息"是可变的，随时有新作业到达。其次，调度和执行同时进行，生产不停止，调度就不停止，理论上在线调度可以永远进行。再次，调度方案的形成是渐进式的，由于需要对各算法 Agent 计算出的方案进行比较，必须对到达的所有作业输出一个完整的调度方案，也就是必须以工件为调度单位，而不是（如第 4 章实时系统所描述的）以工序为调度单位。在纯实时调度系统中，工件上一工序被加工的同时其下一工序的调度方案可能仍在计算中；只要工件还有工序在加工，就有存在未调度工序的可能。而本章的在线模型采取的是"滚动再调度"策略，必须一次性对工件的全部工序调度完毕，否则无法评价优劣，也就无法在不同调度方案之间选择。

在线模型的黑板可以使用与离线调度相似但稍有区别的格式（图 3-7b），但调度过程在细节上有所改变。

与离线调度不同，为应对作业的不定期到达各 AA 需保持在线等待状态；新作业到达或某突发事件发生就是调度（或者说重调度）开始的信号。这种情况下 AA 拥有的运算时间一般较短，所以专家组成员须选用速度较快的算法。

作业到达后，BA 首先将其特征标示于黑板，包括作业的工艺路线、交货期以及作业的调度截止期（当前作业的调度方案被执行的时刻）等，同时计算单价。

余下的过程和离线调度类似，各 AA 争先提出调度方案以获得奖赏。需要注意的是，预计本次调度截止期之前将开始的工序是不能在新调度方案中被改动的。所有本次调度截止期之前开始的工序，包括其前的（属于同工件的）所有工序，不管其预计结束时间如何，都应该将它们在旧方案中的调度作为既成事实来看待，以避免方案时间与真实时间的冲突。

作业到达的随机性也会给调度过程带来干扰，如果两个（或以上）作业同时到达，其影响等同于一个作业到达；如果有作业在当前调度截止期之前到达，系统无法对其立即处理，必须在当前调度截止期之后作为刚到达的作业处理。这样无疑会牺牲掉一部分系统实时性。

图 3-9 为一次调度（第 k 次）的时间示意图，图中显示了两个并行过程：一个是黑板模型的运算过程，一个是实际生产环境中的加工过程（以其中一台机器为例）。作业 J 到达之后立即开始第 k 次调度过程，其中 a 点是 k 次调度截止时

间，由于有一个工序 op 开始于 a 之前且结束于 a 之后的时刻 b，k 次调度可控制的时间始于 b 点而不是 a 点。另外作业 J1 和 J2 虽然在 a 点之前到达，但 k 次调度尚未结束，对它们的调度只能延后到 a 点（第 k+1 次调度）。

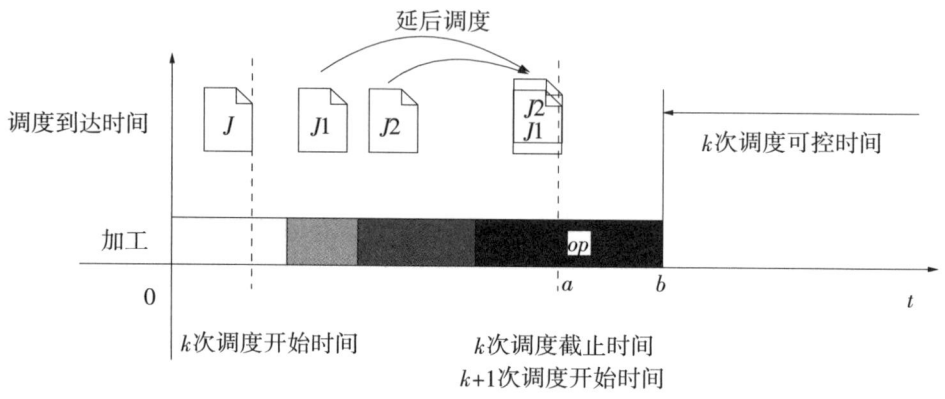

图 3-9 黑板在线调度时间示意

模型还必须处理一种极端情况：调度截止期内没有任何一个 AA 提出解决方案。出现这种情况的可能性非常小，因为模型至少可以提供一个无优化的随机解，除非问题规模过大而截止时间过短导致随机解也来不及产生。对这种情况用户可选择停止计算或是继续。如果选择后者，BA 将采取"突然死亡"策略，将黑板的调度截止时间以"SD"（suddenly death①）标志代替；此时只要有方案提出就输出方案并结束运行，将全过程累积的奖金（根据式（3-1）计算）发给解答者。对于离线调度以同样的方式处理。

客观地说，集成调度黑板模型在静态调度上可以取得更好的效果；如果用于实时调度，其实时性会逊于合同网模型。因此如需要实时调度且关注实时性大于对优化效果的期望，应单独采用第四章描述的合同网模型；如果更多地关注优化，可以使用本章描述的在线黑板模型。

---

① 类似于足球比赛中实行的"突然死亡法"。

第4章 基于MAS的合同网调度模型

本章提出以基于虚拟货币机制的合同网协议为主体的多Agent生产调度模型，称为合同网模型。论述了模型的结构、各Agent的设计；对模型的关键技术评标中的综合决策、投标中的急件插入程序、管理Agent调控策略、调控规则的学习（基于粗集的决策规则提取）进行了详细论述；最后对模型用于敏捷调度所需的关键修改进行了论述。

4.1 合同网概述

本章采用Smith提出的合同网协议（contract net protocol，CNP）为基础，实现Agent之间的协作。合同网（contract net）是多Agent环境中最流行的一种协作方法，用于分布式问题求解环境下的节点间通信和控制。两个节点就任务的委托和承揽构成合同关系，一组这样的节点构成合同网。合同网中节点要么是负责监控任务执行和处理结果的招标者（tenderee），要么是负责任务的投标者（tenderer）。基本的合同网交互协议由以下四部分组成。

（1）招标。招标者向投标者发送招标通知，通知中写明任务内容和其他要求（如工期等）。

（2）投标。投标者收到标书后首先考察有无完成任务的能力，若有则编制标书进行投标；若收到多份招标书，则从中挑选最有吸引力的任务投标。

（3）开标及中标。招标者收到多份标书后进行评议，从中选择最满意的承包条件，向对应投标者发送中标通知；如果未收到任何标书则考虑再次招标，或流标（宣布投标失败不做任何补救）。

（4）履行合同。投标者收到中标通知标志着双方的协议达成，投标者开始完成任务，招标者监督任务的进行，直到任务结束。

图4-1是简单合同网的序列图。简单的合同网虽然只有以上几步，但细节上的变化却存在巨大差异，例如，招标者授标的依据是什么？招标者向所有人发送

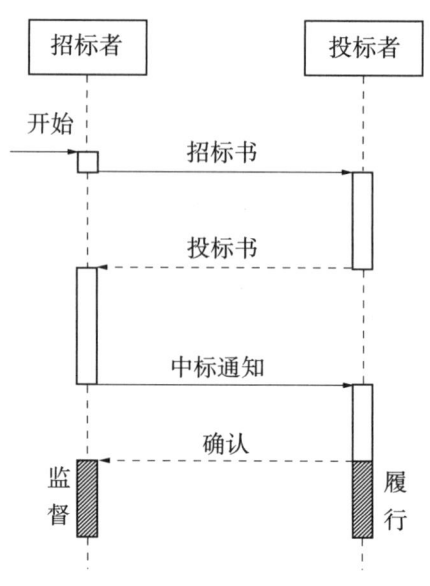

图 4-1 简单合同网序列图

招标通知还是只挑选若干人？投标者可以同时投多个标吗？如果同时中多个标又怎么办？一次投标未中可以再次投标吗？投标者中标之后是否可以毁约？

对上述问题的不同回答导致了不同的"改进"合同网协议，分别适用于特定应用环境。自从 Smith 1980 年提出这一极具创新性的协作理念，对合同网协议的研究就成为 Agent 研究领域的一个热点，它的应用也涵盖了几乎所有 Agent 的应用领域，包括基于 Agent 的制造管理和生产调度领域。

众多改进合同网协议中较新颖的一种由 Krothapalli[98] 提出，其协议中招标者和投标者之间通过虚拟货币机制进行投标。招标者在投标之前就拥有了一些货币用来支付任务费用，它首先为自己将要投标的任务做一个预算，然后进行投标。收到投标后如果所有投标报价都高于预算，则选择一个最接近交货期的投标者中标，以减少损失，否则选择招标者所能负担的报价中交货期最早的投标者。投标者在接到标书后首先根据自身加工能力和当前负载计算一个预计完工时间，再根据预计完工时间和一个单价计算工时，得出对该标书的报价并投标。如果收到多份标书，则选择其中最有吸引力的标书投标。这种基于货币机制的合同网协议用于车间调度取得了较好的效果。

受参考文献 [98] 的启发，本章提出基于货币机制的新型调度体系，采用了该文献虚拟货币的思想间接实现系统的优先级设定，使谈判过程简易、人性化且有效率。本章的调度体系与参考文献［98］相比有很大区别，主要体现在以下几个方面。

（1）采用了不同的投标机制。参考文献［98］采用机器报价竞标方式，与本章采用的作业报价招标方式不同；而且本章的投标机制中为作业设计了独特的预算分配方法以体现其优先级；为作业 Agent 和机器 Agent 增加队列长度指标，通过队列长度实现对模型运行效率和稳定性的控制。

（2）提出了急件插入机制。参考文献［98］中未考虑急件插入问题，只采用一种"preemption scheme"的方式来修正完工时间；本章提出了完善的急件插入机制，使模型实时反应能力得到提高（急件插入的论述见第 4.4.3 节）。

（3）引入了用于调控的 Agent，使模型优化能力得到提高；采用了基于粗集的规则学习手段增强管理 Agent 的学习能力。引入管理 Agent 还为模型提供了简便有效的人机交互手段以及将传统调度方法应用于智能调度的接口。

（4）引入了针对敏捷调度的插入算法和预算机制，可很好地适应不规则优化目标。

4.2　模型总体设计

建立基于 MAS 的调度结构必须处理好的四个主要问题是组织结构的选择、Agent 的封装、协作和谈判协议的选择以及个体 Agent 的决策模式。

4.2.1　Agent 封装

封装也就是在 Agent 与实际调度体系之间建立映射。基于 MAS 的制造系统中最常见的两种封装方式是功能分解和物理分解。功能分解就是将系统的功能封装在 Agent 中，例如订单获取、计划、调度、材料管理、运输管理等，Agent 与物质实体之间没有明显联系。物理分解则使用 Agent 代表物质世界的实体，如操作者、机器、刀具、产品、零件等，Agent 与物质实体联系紧密。这两种封装方式都有广泛的应用。

本章所构造的调度方式以机器和工件之间的谈判为核心，因此采用物理分解的方式构造作业 Agent 和机器 Agent，分别称为作业 Agent（job agent，JA）和机器 Agent（machine agent，MA），JA 封装了作业的全部内容，包括工件的特性参数和加工要求等；MA 封装了机器的全部内容，包括加工能力、类型等。在调度系统中，JA 和 MA 都是有智能的，也可以认为 JA 和 MA 不仅封装了工件和机器，而且封装了工件的所有者和机器的操作者,代表了两者的利益;JA 和 MA 通过在调度系统中谈判完成自己的使命,实现利益最大化。

在调度系统中另外还引入一个功能分解型 Agent,即管理 Agent(supervisor agent,SA),用来对调度过程进行监管,但不硬性指挥 JA 和 MA(以保持系统的分布式特性)。

4.2.2 模型定义

合同网调度模型可表示为

$$M_c = \{SA, G, P, Ne, S\}$$

其中:

SA——调度管理者。管理者负责调度过程(一系列谈判过程的集合)的发起和结束,并进行全程监控。在监控过程中视情况对谈判过程进行引导。

G——调度目标。由决策者在调度开始前指定。可以包含多目标。

P——谈判规则。规定了模型中各 Agent 的行为。它包括三方面的规则:管理者的调控规则、招标者的招标规则和投标者的投标规则。

Ne——谈判参与者的集合。包括了谈判的双方(作业 Agent 和机器 Agent)。

S——谈判方案集合。它代表了调度方案。

对 SA 和 Ne 的详细论述见 4.3 节,对规则的详细论述见 4.2.3 节。

4.2.3 总体流程

(1) SA 创建 MA,构成合同承包方。

(2) 作业到达后为其创建 JA,构成合同发包方。

(3) JA 开始当前工序的招标过程,计算招标价格,向所有当前工序类型对应的机器发送招标书。

(4) MA 收到招标书后首先决定是否投标(服务队列长度是否已满),如果投标则计算标书。

(5) JA 等待一段时间后对所有收到的标书进行评价,选取满意度最高的标书发出中标通知以及合同款。

(6) MA 收到中标通知后决定是否接受合同,若接受则收取合同款,将合同工序加入服务队列尾并发回确认;否则不发送确认。

(7) JA 等待确认,如超时则视为流标,重复招标过程;否则将待调度工序加入就绪队列,就绪队列长度未达上限时开始下一工序的招标。

(8) 位于服务队列的工序在等待被加工过程中可能遭遇毁约, 此时 MA 发送毁约通知给 JA, 退回合同款; JA 重新招标。

SA 对招投标过程的影响体现在第 3 步 "计算招标价格" 和第 5 步 "标书评价" 上。

图 4 – 2 为 JA 的状态变化图 (图中 "+" 号表示发出信息, "–" 号表示收到信息)。JA 得到预算总价后计算本次投标的预算 (JA 必须为所属的每个工序至少招标一次), 然后获取本次招标工序的机器类型, 向所有该类型的机器发出招标书 (表 4 – 1)。

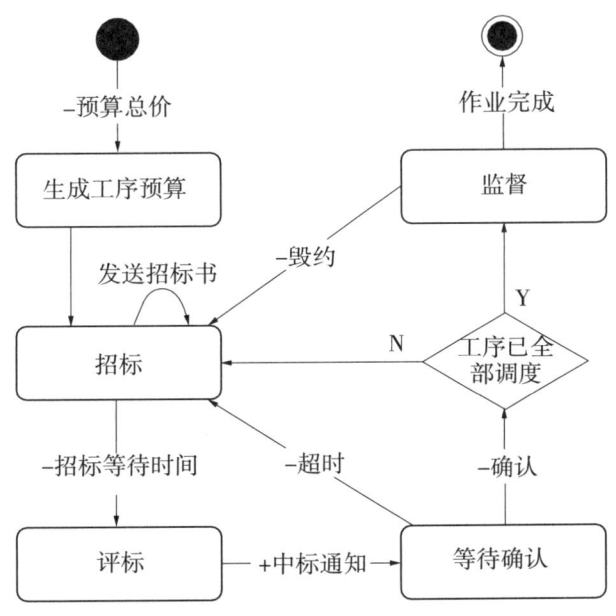

图 4 – 2 JA 状态图

为了保证 JA 在评标时不再有 MA 向其发送标书, 招标截止期应不大于当前时刻 + 等待时间 W_j – 弹性调整幅度 – 平均信息传送时间; JA 发标之后即开始等待 SA 通知评标。当接到评标通知后 JA 开始评标, 从所有标书中计算满意度最大的机器发送中标通知。JA 若在评标之前收到随 SA 评标通知发来的指导, 则将其加入满意度影响因素中一并计算。

做出选择后 JA 向被选中 MA 发送中标通知和预算并

表 4 – 1 招标书

| 合同 ID |
| 招标者 ID |
| 工序类型 |
| 预算 |
| 预计到达时间 |
| 工序交货期 |
| 招标截止期 |

等待确认；如果在规定时间内未收到 MA 的确认则认为招标失败，招标重新开始。如果收到确认，JA 查看就绪工序长度是否已达规定值，是则等待当前工序加工结束，否则立即开始下一工序的招标；如果所有工序已就绪，则等待全部加工结束。所有加工结束后 JA 向 SA 发送任务完成消息，SA 将 JA 终止，并记录其工序路线。

如果 JA 在截止期到达时未收到任何标书，它只好重新开始招标。为使招标信息更具吸引力，JA 将把上次投标耗费的时间转化为货币增加到工序预算中，增加部分的计算公式与式（4-3）类似，只是把工序名义时间用耗费的时间代替。注意到作业的总预算 B 并未改变，这样 JA 也不会出现后续工序无预算的困境。若发生毁约，则将招标过程同样按上述方式重启。

图 4-3 为 MA 状态变化图。调度的全过程中 MA 将一直处于接收招标信息的状态，但只要其服务队列已满就不向外投标。MA 维持一个标书队列，用来存放所有收到的尚未截止且尚未投标的标书。MA 对全部当前有效的招标书按预算大小降序排序，选择排在最前面的若干个（个数根据服务队列中的空位数而定）进行投标，标书的格式见表 4-2（其"紧急标志"用于急件插入，默认为"假"。对急件的讨论见本节后段）。发送之后剔除已投标的和已过期的标书，等待当前加工结束后开始下一次投标。一旦 MA 收到 JA 发来的中标通知，它首先查看承诺的工期还能否保证，因为此时 MA 的预计完成时间有可能调整（例如此前的某个投标未中，预留时段被取消），如果向前调整，则在确认消息中附带新的预计完成时间，MA 将工序排入服务队列中，同时将所得虚拟货币加入存款并向 JA 发回确认消息；如果向后调整，则认为合同无法履行，MA 不再发送确认通知。另外，如果招标书属于急件，则 MA 可选择进入急件处理程序，进行标记威胁工序、等待回复、发出毁约通知等一系列操作，详情见下文。

表 4-2　标书

合同 ID
投标者 ID
机器类型
预计完工时间*
服务队列长度
紧急标志

* 如果模型的优化目标是多目标的，则该项必须包括所有目标函数值。

图 4-4 为 SA 状态变化图。调度是由 SA 发起和管理的。首先 SA 为所有机器和已到达作业创建对应 MA 和 JA（调度开始后也要随时在新作业到达时创建对应的 JA 参与调度），包括设定它们的特征参数如队列长度、初始预算、招标等待时间等，然后广播一个"调度开始"的消息，JA 和 MA 的谈判过程开始。谈判中 SA 同时检测所有 JA 发起的招标，将它们的截止时间依序排列并进行微调，使得各截止期之间的间隔尽量均匀；然后依时间先后通知各个 JA 评标。作为管理者 SA 必须随时监控各 Agent 的状态，以便在发生故障时做出及时的反应。当机器发生故障时，SA 立即终止故障 MA 的活动，同时将其服务队列的所有工序释放（通知相应的 JA）；工件故障时 SA 同样释放其就绪队列，通知相应 MA 释放预留机时。被释放的工序或机时重新参与谈判，和其他未被预定的工序和机时一样。

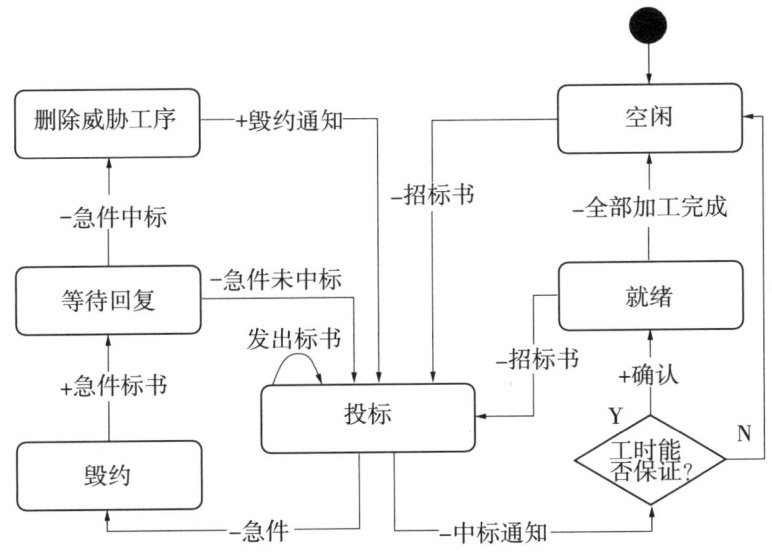

图 4-3　MA 状态图

SA 用来控制实时调度节奏的主要参数有 JA 的评标等待时间 W_j 和就绪队列长度，以及 MA 的服务队列长度。W_j 必须一方面长到足够 MA 制作标书并发出，另一方面又不能增加系统无谓的等待，因此一般需要通过试运行，获得对系统信息传输速度和各 Agent 计算能力的充分了解后再确定。

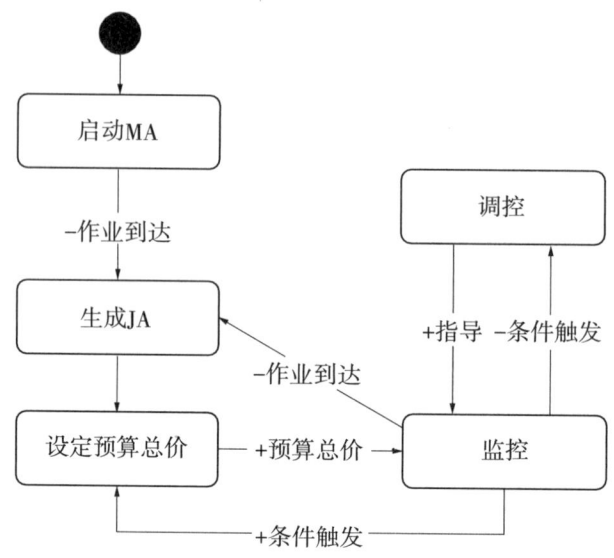

图 4-4 SA 状态图

图 4-5 描绘了整个调度过程中 JA、MA、SA 三者之间的互动关系。图中圆角矩形表示行为，阴影条表示状态；虚线表示不定期发生。

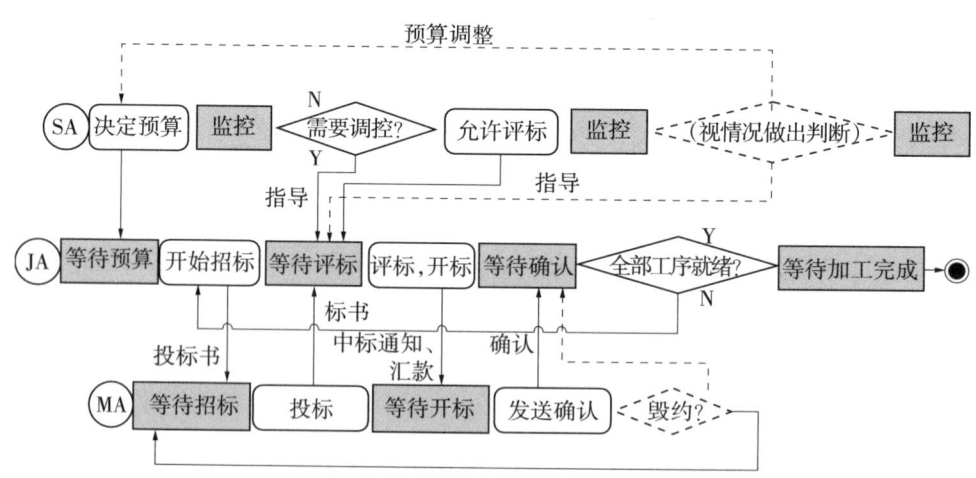

图 4-5 调度活动图

4.3 Agent 设计

4.3.1 Agent 定义

本章描述的 Agent 可定义为一个七元组：

Agent = {标识符，控制器，数据库，知识库，通信接口，人机接口，设备接口}

不同类型 Agent 在各元素的内容上有显著区别，但外在形式一致。以下是 Agent 总体结构的 BNF 描述。

〈Agent〉∷=〈标识符〉〈控制器〉〈数据库〉〈知识库〉〈通信接口〉[〈人机接口〉] [〈设备接口〉]

　〈标识符〉∷=〈Agent 标识符〉

　〈控制器〉∷=〈分析器〉〈执行器〉

　〈数据库〉∷=[〈招投标数据〉]〈资源数据〉

　　〈招投标数据〉∷=〈招标任务〉〈计划任务〉〈就绪任务〉〈已完成任务〉

　　〈任务〉∷=〈任务 ID〉〈交货期〉〈预算〉

　　〈资源数据〉∷=〈工艺路线数据〉|〈机器特征数据〉|〈调度环境数据〉

　　〈工艺路线数据〉∷={〈工序 ID〉〈名义工时〉〈工序类型〉}[〈其他参数〉]

　　〈机器特征数据〉∷=〈机器 ID〉{〈机器类型〉}〈速度系数〉[〈其他参数〉]

　　〈调度环境数据〉∷=〈机器数〉〈作业数〉〈机器负荷率〉〈已完成任务〉〈其他参数〉

　〈知识库〉∷=〈本体知识〉〈决策知识〉〈方法知识〉〈通信知识〉

　　〈本体知识〉∷=〈概念类〉〈关系〉

　　〈决策知识〉∷={〈决策规则〉}

　　〈方法知识〉∷={〈方法〉}

　　〈通信知识〉∷={〈AgentID〉〈Agent 地址〉〈协议〉〈Agent 能力〉}

　〈通信接口〉∷=〈述行语〉〈通信内容〉

　　〈述行语〉∷="请求"|"通知"|"接受"|"拒绝"|"确认"……

　　〈通信内容〉∷=〈发送者〉〈接收者〉〈信息流〉〈时间〉……

　〈人机接口〉∷=〈指令〉〈执行参数〉

〈设备接口〉∷=〈机器 ID〉〈接口模块〉

Agent 结构统一采用图 3-5 所示形式。

数据库存储着 Agent 本身的局部数据，如能力数据、任务数据和状态数据。

知识库储存 Agent 活动所需的方法集、行为集、规则集。规则集可以细分为互动规则集（在与外部 Agent 协作或竞争中采取的规则）和内部规则集（处理内部事务所依据的规则）。

通信接口负责接收和发送本 Agent 和其他 Agent 之间传送的消息。

控制器负责产生行为，这和 Agent 承担的任务有关。控制器可以粗略分为两部分：分析器和执行器。分析器收到通信接口发来的消息后根据自身状态判断事件的发生，然后根据知识库中的规则来确定选用何种方法来响应事件。选定的方法传给执行器执行。

设备接口用于控制设备。对于 MA，设备接口直接与机器的 CNC 控制单元连接（如果有的话）或人工 I/O 设备。对于 JA 一般无须连接设备，该接口关闭。对于 SA，设备接口连接的是各设备组成的实时网络以实现监控功能。

人机接口用来实现用户与 Agent 的交流。一般在实时调度阶段，JA 和 MA 的人机接口是关闭的，以利于保持各自的自治性；SA 的人机接口则保持有效状态，以实时接收用户的调度指令。

4.3.2　Agent 功能设计

在合同网模型中，JA 和 MA 分别为自身任务进行通信和竞争。JA 的主要任务是为所代表的作业寻找服务者即机器，同时满足一定的工期要求；MA 的主要任务是尽可能多地承揽任务，实现存款最大化。JA 和 MA 都是利己主义者，它们之间的沟通主要通过合同网协议实现。为了对整个调度过程进行有效的监控和管理，引入管理 Agent，负责调度的发起和接收、处理突发事件和进行调控。

1. 作业 Agent（JA）

JA 负责为所代表的作业（工件）的每个工序找到合适的加工者完成加工，同时尽量保证工期。JA 与调度有关的属性见表 4-3。

交货期是作业必须完成的时间，如果超过该时刻仍未完成作业将受到超期惩罚。名

表 4-3　JA 属性

| 作业 ID |
| 交货期 |
| 名义工时* |
| 预算 |
| 工艺路线： |
| 　　工序 1；名义工时；工序类型 |
| 　　工序 2；名义工时；工序类型 |
| 　　…… |
| 就绪队列长度上限 |
| 自主意识 |

*名义工时同时包含了机加工之外的辅助工时，如搬运和装夹所耗的工时；如果对不同的机器辅助工时不一致，则取最大者计算。

义工时是系统对作业总工时的估计，它等于假设作业的所有工序都由基准机器完成所需时间。

预算是作业在开始谈判前所具有的虚拟货币数，代表了作业的优先级。作业的交货期越紧迫、作业的名义工时越长，作业的预算越大。预算由 SA 在调度开始前为 JA 指定，在调度过程中，SA 也会根据需要对其进行增减。

工艺路线是一个工序列表，按先后顺序排列；标明了作业所有工序的名义工时和工序类型。其中工序类型对应 MA 的机器类型（系统数据库中指明了某一工序类型与哪种或哪几种机器类型对应。）

就绪队列长度上限表示 JA 可以为多少个工序进行预先投标，也就是可以为多少个待加工工序预定机器。就绪工序代表已签订加工合同但尚未加工的工序。例如当前正在加工的工序是工序 3，预定长度是 2，那么 JA 可以为当前工序之后的工序 4、工序 5 进行投标获得机器，此后须等待工序 3 加工结束才能为工序 6 招标。

2. 机器 Agent（MA）

机器 Agent（MA）负责与机器有关的决策过程。MA 与机器一一对应，作为机器在调度系统中的"代理"。MA 与调度有关的属性见表 4-4。

其中机器类型是机器加工能力的标志，也是机器分组的依据；具有同样机器类型的一组机器可以完成同一种工序或几种工序的加工，对拥有这些工序的作业而言，同类型的机器具有互换性。在有些文献中机器类型被称为"设备组"，例如所有车床分为一组，所有铣床分为一组，所有（同类型的）柔性加工中心分为一组等。

表 4-4 MA 属性

| 机器 ID |
| 机器类型 |
| 速度系数 |
| 服务队列长度上限 |
| 中标率 |
| 存款额 |

速度系数表示了机器的相对速度（在同类型的机器中）。一般以同类型机器中加工最慢的机器为基准机器，它的速度系数为 1，其他机器的速度系数为各自的速度与基准速度的比值。

服务队列也就是机器的就绪队列，即已达成加工协议的作业排成的队列，其长度上限表示机器可以最多与多少个作业达成协议。限制服务队列的长度可以防止各机器之间出现较严重的负载不均衡或提高模型反应速度。

中标率是与协商过程密切相关的属性，它等于过去某一时间段内本机器中标次数与投标次数的比值。中标率将被用于下一次投标过程，作为预测的依据。

存款额用来存放 MA 在加工后获得的虚拟货币，初始额为 0。模型终止时存款被记录，待下次重新启动后累加。存款额是衡量所属机器工作量和工作能力的指标。虽然 MA 并不能使用其存款，但仍以存款最大化为工作目标。

3. 管理 Agent（SA）

SA 担任调度过程中管理、监视和调控的角色，它负责 Agent 的创建和终止、处理突发事件；更重要的是它负责控制调度的方向，保持其不过多偏离调度的全局目标。控制的方式不是发出强制性调度命令，而是以间接引导为主。SA 主要的任务包括调度和调度过程管理。

（1）调控。

不论 JA 还是 MA 都是以自我为中心的[①]，不关心全局目标。这种情况可能造成系统中个体目标优化、全局目标劣化，使调度结果不理想。为了改善"无人关心系统总体效益"这一现象，引入一个管理 Agent，在调度过程中对不符合总体效益的行为进行适当纠正。这是在系统中引入 SA 的最主要目的。SA 对调度进行调控的手段主要有两种：

①通过虚拟货币机制对 JA 的优先级进行调整。JA 的优先级一般直接由其所拥有的货币决定，而货币的多少又由 JA 的交货期远近和加工时间的长短来决定。为了改变 JA 的优先级，SA 可以通过增减其所持有货币的多少来实现。

②通过指导性建议对 JA 的决策进行影响。JA 挑选服务提供者——MA 的过程一般是根据对方承诺的完工时间来决定的，许诺最快完成的 MA 被挑中。SA 如果希望对 JA 的决策过程进行干预，就会向 JA 发出一个指导：建议选择某个或某几个 MA，或建议避免选择某个或某几个 MA；同时附加一个指导强度指标 α。表 4-5 是指导的格式（其中斜体字是对各项的说明）。α 的取值在 $0 \sim 1$ 之间，其正负表示建议选择或建议避免，绝对值表明指导力度的强弱。JA 收到指导后将其作为评标的重要参考指标。对指导的详细描述见 4.4.2 节。

表 4-5 指导格式

接收者：*接收者的ID*
指导类型：*建议选择/ 建议避免*
作用对象：*建议选择或避免的对象*
指导强度：α
有效次数：*影响几次投标过程*

（2）调度过程管理。

SA 的另一个角色是管理调度过程：

①创建和终止 Agent。

在调度开始前，SA 必须根据车间现有机器创建 MA，并使之与机器链接；同时根据作业到达的情况，为每个作业创建 JA，然后开始调度。当一个 JA 所代表

[①] 本文中对 Agent 的设定为"利己主义"类型，这是最常见的 Agent 类型。在一些文献中也存在着具有利他性质 Agent 组成的 MAS。

的作业完成后，终止该 Agent；同样当机器失去加工能力时也要终止对应的 MA。

② 控制招标节奏。

谈判中，JA 在发出招标书之后会等待一段时间再评标，这段时间称为等待期，用 W_J 来表示。SA 可以控制等待期的长短，从而控制招标的节奏。另外 SA 还可以尽量将各 JA 的评标时间错开，以避免网络流量波动太大；控制的方式是赋予等待期一定弹性，令其围绕固定值少量上下浮动；所有 JA 的评标都必须得到 SA 的许可。

③ 故障处理。

实时调度中的故障不外乎机器或工件的失效。机器失效时（例如故障停机），MA 被终止，SA 必须立即释放其服务队列中的作业，使它们为未完成的工序重新进行投标；工件失效时（例如产生废品），JA 被从系统删除，其协议机器的预定时段将被释放。

虽然 SA 管理了整个调度过程，多数情况下它仍扮演"旁观者"的角色，除非调度目标出现恶化趋势；整个系统依然是一个分布式调度系统。这种管理方式类似于政府对国家经济的"调控"。

4.4 模型关键技术

4.4.1 重要参数设置

对记号的说明：

t：当前时间；

B：作业的总预算费用 Budget；

NT：作业的名义加工时间 Nominal Time；

D：作业的交货期 Due date；

sT：作业的松弛时间 slack Time；

b_j：作业的第 j 个工序的预算费用；

nt_j：作业第 j 个工序的名义加工时间；

d_j：作业第 j 个工序的交货期；

l_{que}：机器服务队列的长度；

t_{que}：机器服务队列的总工时；

$t_{current\_end}$：机器完成当前（加工中的）作业的时间；

S：机器的速度系数

其中松弛时间 sT 代表作业在保证不拖期的前提下缓冲时间的大小，其计算公式为

$$sT = D - NT - t \qquad (4-1)$$

名义加工时间 NT 是作业所有工序的名义工时 nt_j 的总和，工序名义工时是在名义机器（即基准机器）下完成该工序所耗费的工时。

1. 作业总预算

虚拟货币体系最大限度地体现了合同网模型模仿人类社会运作模式的特点。在合同网模型中，JA 掌握的虚拟货币体现了它的优先级，也就是它封装的作业的重要程度；MA 获得的虚拟货币体现它对系统所做的贡献大小以及自身加工能力的大小。

谈判开始前，SA 必须确定各个 JA 的总预算。JA 的预算首先与工时 NT 有关，工时越长加工量越大，所需预算也越高；预算还和松弛时间 sT 有关，松弛时间越少的工件越有可能拖期，需要获得较高优先级以保证工期。综合考虑工时与松弛时间的影响确定预算的计算公式为

$$B = \frac{NT}{\tan^{-1}(\omega \cdot sT) + k} \qquad (4-2)$$

其中，ω 是形状系数，决定 B 的变化率大小。图 4-6 是 B 的变化曲线图（以 sT 为自变量）。k 为调整分子分母比例并避免分母为零的常数。

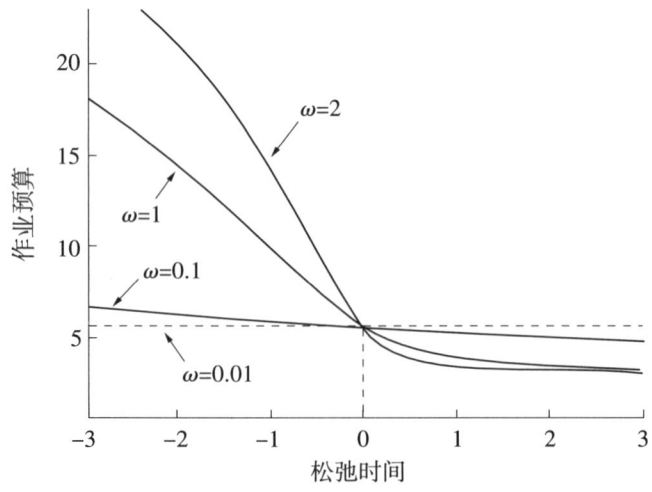

图 4-6 作业预算变化曲线图

图 4-6 显示作业预算随松弛时间变化的规律。当松弛时间 sT 小于 0 时作业预算 B 以很快的速度（向负方向）上升，上升的斜率决定于形状系数。松弛时间为负意味着作业很可能要拖期，为避免拖期惩罚，作业将被赋予大的预算使自己能以较高优先级获得加工。

作业 Agent 获得预算之后就开始为第一个待加工工序招标。JA 并不关心总预算 B 的多少（它由 SA 控制，如果 SA 想增减预算，只需改动 B 值），JA 真正关心的是每次调度中可用的工序预算。工序 j 的预算 b_j 的计算公式为

$$b_j = B \cdot \frac{nt_j}{NT}, (j = 1, 2, \cdots, n) \tag{4-3}$$

2. 工序交货期

招标书中另一个重要的参数是工序交换期。工序 j 的交货期 d_j 为

$$d_j = d_{j-1} + \frac{nt_j}{\sum_{k=j}^{n} nt_k}(D - t) \tag{4-4}$$

式（4-4）中分母表示同一作业所有未就绪工序的名义工时之和。

3. 预计完工时间

MA 在制订标书时对预计完工时间只能采用估计，因为它可以同时对多个标书投标，多个标书中的预计完工时间可能发生冲突。参照参考文献 [98] 计算 MA 对招标工序的预计完成时间为

$$C_e = \max\{t_{\text{machine\_available}}, t_{\text{job\_available}}\} + t_{\text{que}} + t_{\text{sell\_out}} + \frac{nt_j}{S} \tag{4-5}$$

即，预计完成时间（时刻）C_e 等于机器和工件都就绪的时刻 $\max\{t_{\text{machine\_available}}, t_{\text{job\_available}}\}$①，加队列时间 t_{que}（服务队列中所有作业的总工时），加预计已售出的机时 $t_{\text{sell\_out}}$，最后加招标工序的预计加工时间 $\frac{nt_j}{S}$，S 为 MA 的速度系数。预计已售出的时间 $t_{\text{sell\_out}}$ 指的是 MA 从接到标书到投标这段时间内有可能被其他 JA 购买的时间，其计算公式为

$$t_{\text{sell\_out}} = \frac{t_{\text{que}}}{l_{\text{que}}}\beta_w \psi \tag{4-6}$$

---

① 机器的有效时刻并不一定是服务队列中最后工序的完工时间；由于各工序到达机器的时间是不确定的，机器为它们安排的机时也是不连续的，机时与机时之间存在时间空隙。只要某个空隙满足当前招标工件的到达时间且能容纳其加工时长，该空隙的开始时刻就可以作为机器的就绪时刻。

其中 β_w 是从当前时间回溯 W_j（即 JA 的评标前等待时间）这一时间段内 MA 的投标次数，ψ 是到目前为止该 MA 的投标成功率（已中标次数与已投标次数的比值）。

4. JA 和 MA 的队列长度

JA 和 MA 各自维护一个已达成合同的工序队列，招投标过程围绕这两个队列展开；队列的长度是决定模型性能的重要参数。谈判过程中队列实际长度不断变化，对长度控制只能是对其上限的控制，分别为就绪队列上限和服务队列上限（后续论述中不明显区分队列长度和队列长度上限）。队列不能过长，过长会导致后到达的作业无法获得及时的加工（因加工时段已被先到达作业预订）；除非采用急件插入程序取消某些已预订时段，但这样易引起系统效率降低，稳定性和实时反应能力下降（见 4.4.3 节）。队列也不能过短，尤其是机器服务队列，过短可能引起机器加工结束后，因新加工合同尚未达成而闲置。

因此，JA 的就绪队列长度与所处环境的稳定性有关，环境突发事件越多，队列长度必须越短，最短为 1（以保证作业不因等待合同而搁置）。对 MA，为保证其不因等待合同而停工，服务队列长度 L_{MA} 需满足

$$\overline{t}_{\text{success}} \leqslant \overline{nt} \cdot L_{MA} \Rightarrow \frac{\overline{t}_{\text{negotiation}}}{\psi} \leqslant \overline{nt} \cdot L_{MA} \Rightarrow$$

$$L_{MA} \geqslant \frac{\overline{t}_{\text{negotiation}}}{\overline{nt} \cdot \psi} \qquad (4-7)$$

其中，$\overline{t}_{\text{success}}$ 表示一次中标所需平均时间，$\overline{t}_{\text{negotiation}}$ 表示一次谈判所需平均时间，$\overline{nt}$ 表示工序总平均工时，ψ 表示 MA 的谈判成功率（与式（4-6）同）。

JA 就绪队列长度和 MA 服务队列长度也有一定的相关性，如果前者很大而后者很小，则虽然有大量 JA 招标，多数机器由于队列已满不能参与投标，协议依然难以达成，JA 的行为只是在消耗资源。一个可参考的长度比例为

$$L_{MA} : L_{JA} \approx N_{\text{type}}(JA) : N_{\text{type}}(MA) \qquad (4-8)$$

其中，L_{JA} 表示 JA 的就绪队列长度，$N_{\text{type}}(JA)$ 表示与机器加工类型对应的工序总数（即包含此类工序的工件数），$N_{\text{type}}(MA)$ 表示与 MA 同类型的机器总数。

确定队列长度时首先根据环境的随机性程度确定（统一的）L_{JA}，再以式（4-7）、式（4-8）为参考确定 L_{MA}。

4.4.2　JA 的决策：评标

JA 的决策是评标，也就是确定中标者。单目标调度的决策非常简单，但真实的调度环境中除了可用目标函数表达的优化要求外，还存在其他个性化要求。影

响 JA 决策的因素包括四个因素：

（1）机器当前状态；

（2）优化目标；

（3）用户个性化要求；

（4）以往调度历史。

其中，机器当前状态具体化为机器在标书中给出的承诺，优化目标可细分为个体优化目标（JA 本身的优化目标）和整体优化目标，两者经常不一致。个体优化目标是 JA 决策的出发点，整体优化目标则和用户个性化要求一起由 SA 通过调控得以保证。调度历史主要影响 JA 对投标者的信用评价。上述因素可归结为三个量化指标：

（1）对 MA 标书的评价；

（2）对 SA 指导的评价；

（3）对 MA 信用的评价。

根据这三个指标可以对所有投标的 MA 做出综合评价以决定最终中标者。为此引入一个综合评价模型。设对 JA 当前工序进行投标的 MA 有 n 个，记为 M_1, M_2, $\cdots$, M_n。

1. 对标书的评价值

根据标书中 MA 所做的承诺和 JA 的优化目标可计算预期目标函数值（以大为优），设为 $f_1, f_2, \cdots, f_n$；根据"相对分"计算各 MA 的权值

$$v_i^{(1)} = \frac{f_i}{\max_{k \in 1 \sim n} \{f_k\}} \quad (4-9)$$

式（4-9）中，$v_i^{(1)}$ 表示 M_i 在第 1 个量化指标上获得的权值。如果优化目标有多个（例如工期+加工精度），权值计算修改为

$$v_i^{(1)} = \sum_{l=1}^{L} \frac{f_i^l}{\max_{k \in 1 \sim n} \{f_k^l\}} \beta_l, \quad \sum_{l=1}^{L} \beta_l = 1 \quad (4-10)$$

其中，β_l 表示第 l 个优化目标所占的权重。

2. 对指导的评价值

指导是 SA 做出的对决策的建议，可将其直接转化为权值。设 JA 当前接收的指导集合为 $\{In^1, In^2, \cdots, In^j, \cdots, In^m\}$，令 α_i^j 表示指导 In^j 对 M_i 的指导强度，指导 In^j 中不包含 M_i 时令 α_i^j 为 0；拟定权值计算方式如下：

$$v_i^{(2)} = \begin{cases} \max\{\alpha_i^j\}, if \forall j(\alpha_i^j \geq 0) \\ \arg\min_{\alpha_i^x \in \{\alpha_i^1,\cdots\alpha_i^m\}} \{|\alpha_i^x|\}, if \exists In_i^j(\alpha_i^j > 0) \land \exists In_i^j(\alpha_i^j < 0) \\ \min\{\alpha_i^j\}, if \forall j(\alpha_i^j < 0) \end{cases} \quad (4-11)$$

式中（4-11）较特别的设定在于，当 M_i 的各个指导强度中有正有负时，选取绝对值最小的指导强度作为权值。由于一个 MA 出现在所有指导中的概率很小，因此其各指导强度中绝对值最小者一般是 0。它表达了"如果 SA 的指导互相矛盾，则对其不予理睬"的态度。这种方式也为 SA 撤销指导提供了手段：只要发出一个与原指导相反的指导即可。

另外，SA 发送给 JA 的指导是针对当前调度局势做出的，随着当前局势的变化其强度也将减弱以免对后续谈判产生负效应。

3. 对 MA 的信用评价

对 MA 的信用评价也就是对 MA 毁约可能性的估计，计算如下：

$$v_i^{(3)} = \left(1 - \frac{|C_i^{\text{broken}}|}{|C_i^{\text{finished}}|}\right)^{|que_i|} \quad (4-12)$$

其中：

C_i^{broken} 为 M_i 到目前为止毁约的合同集合；

C_i^{finshed} 为 M_i 到目前为止已完成的合同集合；

que_i 为 M_i 当前服务队列实际长度，即已达成的合同数。服务队列越长，新加入工序被毁约的可能性越大，对 M_i 的信用评价越低。

对三个量化指标：对 MA 标书的评价、对 SA 指导的评价、对 MA 信用的评价，赋予一定权值分别为 w^1，w^2，w^3，计算对 M_i 的最终评价

$$v_i = \sum_{j=1}^{3} w^j v_i^{(j)} \quad (4-13)$$

从投标 MA 中挑选 v 值最高者中标。w^1，w^2，w^3 由用户指定。

4.4.3 MA 的决策：急件插入

调度过程中 MA 保持着一个招标书队列，并将其按预算值降序排序，选择预算值最大的标书投标。投标时必须依据式（4-5）计算预计完工时间，如果预计完工时间达不到要求一般不会投标，除非出现下列情况：

（1）MA 服务队列长度未达上限（即仍可投标），但所有预计完工时间都落后于招标书要求的工序交货期。

（2）MA 服务队列长度未达上限（即仍可投标），队列中也存在预计工期达到要求的投标书，但队列的最前端被至少一个预计工期达不到要求的招标书占据。

对第一种情况，MA 将按普通招标程序处理；对第二种情况，排在第一位的招标书具备"急件"的必要条件。

所谓"急件"是指到达时间晚、交货期紧迫的重要作业，加入调度时为了保证准时交货，常常需要打乱 MA 已形成的调度服务队列，插入到服务队列的前端。从 MA 的角度看，JA 的交货期过短导致依据式（4-2）计算所得预算非常高，使其标书对 MA 产生强大吸引力[①]，MA 将冒毁约的风险打乱当前服务队列，将急件"插队"到队列前端（以获得急件带来的丰厚回报）。由于急件插入程序会造成系统效率的降低，需严格限制急件数量。定义合同网模型中的急件为

机器的急件是机器可投标的一个作业，该作业满足：

（1）机器无法在不打乱当前服务队列前提下按时完成该作业；

（2）该作业的招标单价大于当前所有有效招标书的预算单价；

（3）该作业的招标单价大于当前受影响工序中最大预算单价的 γ 倍。

受影响工序是指插入该作业后必须被撤销合同的工序。$\gamma > 1$ 称为急件阈值。MA 一次最多只能产生一个急件，原因在于，若招标书队列的前端有多于一个"预计工期达不到要求"的招标书，假如第一个招标书不能成为急件，则后续标书亦不能成为急件；假如第一个招标书成为急件而进入服务队列，则后续招标书因无法满足急件的第三个条件不能成为急件，因此 MA 在一次投标过程中最多产生一个急件。不过在 MA 的服务队列中可能存在多个急件，它们加入队列的时间不同。

确认急件后 MA 进入急件处理程序：

（1）用倒排法确定急件不延误的最迟开始加工时间；

（2）对所有与急件的加工发生冲突的工序添加"〈ID〉威胁"标记，〈ID〉为急件招标书的 ID；生成急件标书，其与普通标书的唯一区别是标书中"紧急标志"为"真"；投标并暂停对其他合同的投标；

（3）一旦收到急件的中标通知，所有被威胁工序将被废止，MA 向这些工序的所有者发出"毁约通知"，同时自动从存款中扣除这些工序的预付款；若收到拒标通知，或在急件的投标截止期后超时未收到回应，则去除威胁标记，返回正常投标程序。

对一台机器而言的急件，对另一台可能并非急件，因此急件投标可能遭遇非急

[①] 如果决策者希望进一步提高急件的优先级，可通过 SA 直接改变其预算，使急件具有更大的吸引力。

件投标的竞争。JA 收到急件投标时，应将其视为"最不愿接受的投标"，只要有其他满足工期的普通投标，则不接受急件投标。这时 JA 必须向急件投标者发送"拒标通知"，以免对方等待时间过长；如果接受急件投标，则与普通中标过程一样处理。

将紧急投标视为"最不愿接受的投标"是因为它会引起 MA 毁约（对其他已达成协议的 JA），造成对其他 JA 的损害。被毁约的 JA 须立即停止当前工作，对被毁约工序重新招标（作为补偿，SA 将对其增加预算以提高其优先级）；如果招标得到的新承诺结束时间能赶在后续工序开始之前，则保持就绪队列不变；否则废除所有后续工序的就绪标志，通知受影响的所有机器删除对这些工序的服务。

急件插入的流程见图 4-7。

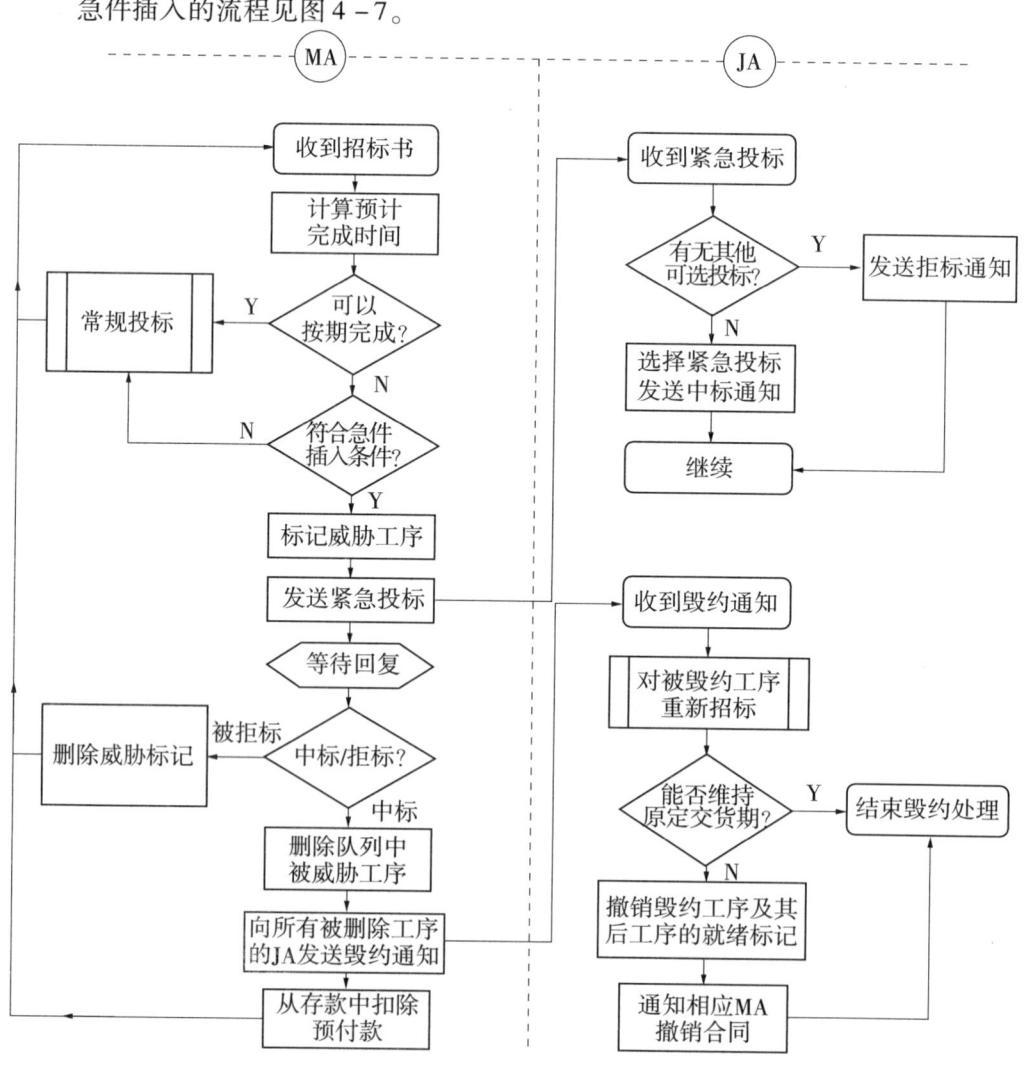

图 4-7 急件插入流程

急件插入对调度系统的影响是连锁性的,它对已有调度方案的破坏通过合同被多级放大,严重影响系统反应能力,这是提高系统优化能力必须付出的代价。图4-8显示了急件插入造成的连锁反应过程(数字标示反应的步骤)。

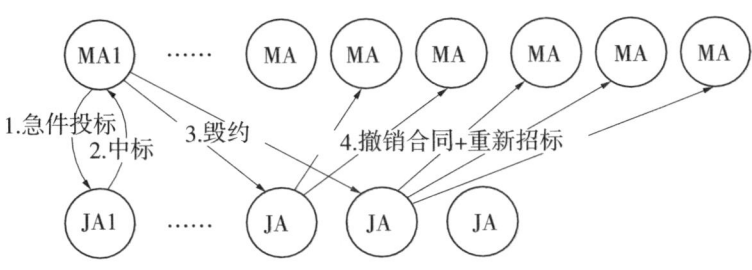

图4-8 急件插入连锁反应

为尽可能减小急件插入对调度的影响,需限制 MA 和 JA 预先签订过多的合同,这是在 MA 和 JA 属性中增加"服务队列长度上限"和"就绪队列长度上限"的主要原因。对 MA 设置服务队列长度限制了 MA 可"预售"时段长度,减少急件出现的概率;而且急件出现时受影响的工序也将减少(对应图4-8中第3步);对 JA 设置就绪队列长度可限制其需要"撤销合同并重新招标"的工序数目(对应图4-8中第4步)。

另外,限制 JA 就绪队列长度还可以避免调度初期信息传送过于频繁,导致网络拥塞,并增加对其他突发情况如机器故障等的反应能力。在实时性要求非常高的环境中,可简单地将所有 JA 的就绪队列长度上限设置为1。

4.4.3 SA 的决策:调控

除了作为调度的主持者,SA 最主要的任务是对全局调度状况进行评估并执行相应改进措施,具体操作如下:

(1) SA 将调度状况与规则比较以决定是否调控。

(2) 如需调控作业优先级则直接增减其预算 B,JA 在为其下一工序招标时获得的工序预算将基于更改后的 B 值。

(3) 如需调控机器优先级则进行指导。

本节首先讨论调控手段,然后讨论调控规则的提取。

1. 调控手段

(1) 预算修改。

预算是针对作业进行的优先级修改。在调度开始前 SA 根据式（4-2）确定各作业的预算，预算的高低由作业本身特征（松弛时间及工时）确定。SA 此后可对预算进行修改从而改变作业优先级，但这种修改只对作业中尚未投标的工序有效。SA 只控制作业总预算，工序预算由作业 Agent 在投标前根据式（4-3）计算。对预算的修改一般源自用户指令，例如某订单更改交货期会导致订单包含的作业需要修改预算。

（2）指导。

指导是针对机器进行的优先级修改，其形式见表 4-5。指导是 SA 根据全局状况或用户指令下达的非强制性命令，该命令不一定符合 JA 招标时的局部环境，而且随着调度的继续也不一定符合变化了的全局状况，因此指导强度必须随时间发生变化。设计包含 JA 意愿的指导过程如下：

指导是 SA 与 JA 的一次博弈过程：JA 希望维护自身利益而 SA 希望维护整体利益，两种利益的冲突体现在随机数与指导强度的比较。为体现 JA 的意愿，为其新增一个属性："自主意识"，以 E 表示；自主意识取值范围为 $0\sim1$ 之间的小数，初始值为 0；在调度过程中随着 JA 存在时间的增长其自主意识逐渐增加，增加方式如下：

①每进行一次招标过程，E 增加一个微小值 ε；

②每发生一次流标（无人投标），E 增加一个值 θ，$\theta \geq \varepsilon$；

③每发生一次（发送中标通知后）超时未收到确认，E 增加一个 φ 值，$\theta > \varphi \geq \varepsilon$。

④每发生一次被毁约，E 增加一个较大值 δ，$\delta \geq \theta > \varphi \geq \varepsilon$。

E 值的设置类似于为 JA 创建一个情绪模型，体现了 JA 抗拒指导的意愿大小；进行的招标次数越多，JA 离达到自身目标的距离越近，外来干涉引起的预期损失越大，JA 越不愿意因为 SA 的介入改变其选择；招标每失败一次，JA 顺利完成调度目标的可能性越小，JA 更不愿意被指导（类似于 JA 的情绪模型）。超时未收到确认的情况比招标失败稍好，因此 φ 小于 θ。毁约对 JA 的工作造成最大的冲击，因此 δ 较大。添加了自主意识之后的指导过程为

①SA 向 JA 发送指导；

②JA 对指导强度进行削弱，令 $\alpha = \alpha \cdot (1-E)$；

③指导以强度 α 进入 JA 的招标决策；

④将指导有效次数减 1，按削弱后的值保存；若有效次数已为 0，或 $\alpha < \varepsilon$ 则删除该指导。

指导过程中各参数的大小与指导出现的频率高低有关，也可凭经验设定，例

如令 ε 为 0.01，θ 为 0.1，φ 为 0.08，δ 为 0.2。

2. 调控规则提取

要对全局进行调控，首先要确定调控规则。SA 的调控规则来源于三个方面。

(1) 对优化目标的演绎。

可以将优化目标视为抽象的调控规则，但需将其具体化为操作。有效的规则一般都来自专家经验（启发性知识）。对一般的规则优化目标可用的调控规则如下：

①减少空闲机器有利于优化。发现某 MA 空闲（无加工任务）时 SA 应发出相应的"建议选择"指导。

②缩短加工关键路径有利于优化。以当前时间为时间零点计算全局调度的关键路径，对在关键路径上的工件增加预算。由于随时有新作业到达，关键路径改变的可能性大，因此预算的增加量不宜太大，而且在下次计算关键路径前应将被更改的预算恢复。

以一个实时调度过程为例，假设优化目标为最小化最大完工时间，则保证这一目标的手段之一就是使各机器负载均衡；SA 周期性的监测各 MA 的负载，根据系统平均负载来判定 MA 的负载水平。一旦发现某些机器的负载大大低于平均水平，就会向拥有这些机器工序的 JA 发送"建议选择"指导以提高它们被选择的概率。如果被"建议选择"的机器的负载水平只是稍低，则指导强度也较弱（0.1～0.3）；如果负载水平明显过低甚至为 0（机器空闲）则指导强度也较强（0.8～1）。

不同的规则适用于不同的调度问题，SA 调控效果的好坏完全取决于规则的先进性。由于调度环境的易变，很难为所有的调度类型都配备合适的规则，SA 应采取相对保守的调控策略，在不熟悉的（也就是欠缺规则的）调度环境中尽可能少地介入调度过程。

(2) 用户指定。

用户可以直接制定规则以实现对调度过程的修正。一个用户规则的制定过程如下：

①确定前件变量：作业/机器/环境参数/时间；

②确定规则表达式；

③确定调控对象：作业/机器；

④确定采取的行为：建议选择/建议不选择；

⑤确定调控强度；

⑥确定有效次数。

(3) 规则学习。

规则还可以通过对决策者行为的学习获得，学习过程是一个基于粗集的决策表约简过程，详细论述见下节。

4.4.4 基于粗集的决策规则提取

决策规则不能局限于对调度目标的简单分析，还应包含决策者对多次决策中形成的偏好以最大限度获得用户认可。因此 SA 应具有从决策经验中学习决策规则的能力。

本节构建了一个基于粗集的决策规则提取过程。粗集理论于 1982 年由波兰学者 Z. Pawlak 提出，它建立在分类机制上，无须问题数据之外的任何先验信息，对问题的不确定性的描述或处理较为客观。

决策规则是表征条件属性与决策属性关系的规则；决策规则的集合构成决策表；对决策表的规则提取就是从决策表中得到简化的决策规则，并将其用于指导 SA 的行为。

构造决策表首先必须确定条件属性集合。根据车间实际调度环境，影响调度行为的最常见属性有以下几种。

1. 完成时间 t

定义属性值：

1：提前，即作业提前于交货期完成；

0：按期，即作业刚好于交货期完成（处于交货期前后的一个足够小的范围内）；

-1：延期，即作业落后于交货期完成。

2. 质量 q

定义属性值：

1：质量高，超过标准；

0：合格，恰好达到标准；

-1：低于标准。

对于质量来说，高于标准往往意味着加工费用的增加，所以并非越高越好。

3. 费用 c

定义属性值：

2：高成本；

1：经济成本；

0：低成本。

4．机器负载均衡率 i

定义属性值：

2：严重不均衡；

1：不均衡；

0：均衡。

机器负载均衡率可根据一定的指标，例如最大负载机器与最小机器之间负载的比值等确定。

5．任务优先级 s

定义属性值：

1：关键任务；

0：普通任务。

这里的关键任务指受重视的订单上的任务，与调度关键路径无关。属性集合中还可根据决策者的要求加入其他元素，如作业的复杂程度等。

决策属性表示对条件属性组合的评价，一般只有单个属性，即决策者对条件属性组合的喜好程度，用 v 表示，取值为

1：好；

0：合格；

-1：不好。

决策表由决策者对条件属性的不同组合做出评价（确定决策属性值）而得到。表 4-6 是一个决策表示例。

表 4-6 决策表示例

序号	t	q	c	i	s	v
1	0	1	2	2	1	1
2	1	0	1	1	0	1
3	-1	-1	0	0	1	-1
4	0	0	1	2	0	1
5	1	1	2	2	1	0
6	-1	0	0	1	0	0
7	0	-1	0	0	0	-1
8	0	0	1	2	0	1

决策表通常包含了大量的规则，这些规则一般不能直接用于决策，须经过化简得到精炼、简单的规则再用于指导决策。决策表的化简一般分为几个步骤①：

（1）属性约简：对条件属性进行相对简化，寻找表中对决策属性无影响的属性消去。

（2）消去重复的行：所有属性值与另一行完全相同的行。

（3）值约简：消去每一决策规则中的属性的冗余值。

其中，条件属性约简和值约简有多种方法，简单的做法是尝试消去某一列之后查看表中是否存在互相冲突的规则，若不存在，则说明该列代表的属性可消去；同样，值约简的方法是尝试消去一列后查看表中是否存在互相冲突的规则，若存在，则被消去列中与相冲突规则同属一行的属性须保留。这种约简方式效率较低，本节采用另一种基于区分矩阵的方法实现属性约简和属性值约简。相关概念如下：

- 决策系统：决策系统是一个五元组

$$S = \langle U, C, D, V, f \rangle$$

其中，U 是一个对象的有限集；C 是条件属性集合；D 是决策属性集合；V 是属性值集合，$V = \cup V_q$，$q = 1, \cdots, |C|$；f 是信息函数，$f: U \rightarrow V_q$。

- 属性约简：对决策系统 S，条件属性集合 C 的约简 Red（C）是 C 的一个非空子集 P，满足：

① $\forall a \in P$，a 都是 P 不可省略的；

② $Pos_p(D) = Pos_c(D)$。

其中，Pos 表示属性的正域；"不可省略"表示若从 P 中去除属性 a，则 U 关于 P 的不可分辨关系将被破坏。

- 核：C 中所有不可省略属性的集合称为 C 的核，记为 Core（C），且有

$$Core(C) = \cap Red(C)$$

- 区分矩阵（discernibility matrix）：又称差别矩阵、分辨矩阵。设 U 的基数为 n，属性集 $P \subseteq C$ 的区分矩阵 $M(P)$ 是一个 $n \times n$ 矩阵，其任一元素为

$$\delta(x, y) = \{a \in P | f(x, a) \neq f(y, a)\} \quad x, y \in U$$

其中，$f(x, a)$ 表示对象 x 的 a 属性的值。

显然 M 是一个对称矩阵且对角线元素全为空集。定义条件属性集 C 基于决策

---

① 一般在对决策表化简之前还有一个数据预处理过程，包括决策表补齐和数据离散化，此处予以简化。

属性 D 的区分矩阵为[147]：

$$\delta(x,y) = \begin{cases} \{a \in P \mid f(x,a) \neq f(y,a)\}, & [x]_C \neq [y]_C \,\&\, [x]_D \neq [y]_D \\ 0, & [x]_C = [y]_C \text{ or } [x]_D = [y]_D \end{cases}$$

其中 $[x]_C$ 表示对象 x 关于属性集 C 的等价类，也可理解为 x 关于 C 的属性值集。该区分矩阵将不协调对象（各条件属性值完全相同而决策属性值不同的对象）亦归入无区分对象行列，对应矩阵中元素皆为0。

由区分矩阵可方便地得到核：

$$\text{Core}(C) = \{a \mid a \in C \land \exists x, y\, (\delta(x,y) = \{a\})\}$$

- 差别函数：差别函数是一个布尔函数，用 Δ 表示，定义为

$$\Delta = \prod_{(x,y) \in U \times U} \sum \delta(x,y), \left(\sum \delta(x,y) = \vee a_i, a_i \in \delta(x,y) \right)$$

对差别函数根据布尔代数中的分配律和吸收律进行化简即得属性约简的析取式。以表4-6为例，对应区分矩阵为（上三角部分略）：

对象	1	2	3	4	5	6	7	8
1								
2	0							
3	tqci	tqcis						
4	0	0	tqcis					
5	t	qcis	tqci	tqcs				
6	tqcis	tc	qis	tci	0			
7	qcis	tqci	0	qci	tqcis	tqi		
8	0	0	tqcis	0	tqcs	tci	qci	

对应差别函数为（略去重复项）：

$$\Delta = (t \vee q \vee c \vee i)(t \vee q \vee c \vee i \vee s)t(q \vee c \vee i \vee s)(t \vee q \vee c \vee s)$$
$$(t \vee c)(q \vee i \vee s)(t \vee c \vee i)(q \vee c \vee i)(t \vee q \vee i)$$
$$= t(q \vee i \vee s)(q \vee c \vee i)$$
$$= tq \vee ti$$

得该决策表的约简 $\{t, q\}$ 和 $\{t, i\}$，核是 $\{t\}$。取约简 $\{t, q\}$ 并去掉重复

行(第8行)后的决策表如表4-7所示。得到属性约简后可根据区分矩阵继续求值约简,方法如下:

①将原区分矩阵各元素中不属于约简的属性删除(并删除重复对象)获得新区分矩阵。对属性约简后的决策表直接计算也能得到相同的新区分矩阵。

②将新区分矩阵每行视为一个单独的决策表求属性约简,每个约简在行中对应的值组成一个决策。

③所有行约简获得的决策剔除重复项后组成最终决策集。

表 4-7 约简后的决策表

序号	t	q	v
1	0	1	1
2	1	0	1
3	-1	-1	-1
4	0	0	1
5	1	1	0
6	-1	0	0
7	0	-1	-1

此方法借鉴了参考文献 [148],但步骤更简练且意义明了。以表4-7对应的决策表为例,其对应区分矩阵为(需要对整行约简,故上三角元素不能省略):

对象	1	2	3	4	5	6	7
1			tq		t	tq	q
2			tq		q	t	tq
3	tq	tq		tq	tq	q	
4			tq		tq	t	q
5	t	q	tq	tq			tq
6	tq	t	q	t			tq
7	q	tq		q	tq	tq	

对各行求约简得

第1行:约简为 $\{tq\}$,对应决策 $t_0q_1 \rightarrow v_1$(下标表示属性的取值);

第2行:约简为 $\{tq\}$,对应决策 $t_1q_0 \rightarrow v_1$;

第3行:约简为 $\{q\}$,对应决策 $q_{-1} \rightarrow v_{-1}$;

第4行:约简为 $\{tq\}$,对应决策 $t_0q_0 \rightarrow v_1$;

第5行:约简为 $\{tq\}$,对应决策 $t_1q_1 \rightarrow v_0$;

第6行:约简为 $\{tq\}$,对应决策 $t_{-1}q_0 \rightarrow v_0$;

第7行:约简为 $\{q\}$,对应决策 $q_{-1} \rightarrow v_{-1}$。

对上述约简综合可得简化的决策规则:

$$t_0(q_0 \vee q_1) \vee t_1 q_0 \to v_1$$

$$t_1 q_1 \vee t_{-1} q_0 \to v_0$$

$$q_{-1} \to v_{-1}$$

所得决策规则用于 SA 对调度的指导工作。为了更好地做出指导，SA 还需学习决策者针对某种调度状态所采取的行为，例如将作业改派其他机器、延迟某些作业等；这些行为可以直接记录在数据库中以备随时调用，或采用与本节所述类似的规则提取方式获得。

4.5 模型功能扩展

4.5.1 非实时调度

基于 MAS 的调度系统既可用于实时调度，也可用于非实时调度。在非实时调度中，调度所依据的时间是一个"抽象时间"（abstract time），由 SA 控制。由于非实时调度的大致过程与实时调度一致，本节不再详述，只讨论与实时调度相区别的部分。

为了区别于实时调度，系统应设置一个实时开关，通过对它的设置实现实时与非实时的转换。

非实时调度中所有作业到达时间都已知，因此所有 JA 都可在 0 时进行招标；为了尽可能避免急件插入，SA 应安排预算高（也就是优先级高）的 JA 先招标，不考虑到达时间的先后。

由于不需要实时加工，SA 将 MA 的服务队列长度和 JA 的就绪队列长度设定为无限大；SA 同时将插入门槛适当降低，通过急件插入以增强优化能力；一旦所有 JA 的工序都已就绪则调度完成。

4.5.2 敏捷调度

1. 概述

如果调度的目标是不规则的（无法通过缩短全部作业完成时间进行优化），调度体系与 4.4 节相比必须做出改动。最常见的不规则调度是敏捷调度，调度目标函数为

$$r = \sum w_j |c_j - d| \tag{4-14}$$

或

$$r = \sum w_j(c_j - d)^2 \qquad (4-15)$$

其中，d 为统一交货期。如果各作业定义不同交货期，而且托期和提前完成的单位惩罚不一样，则目标变为

$$r = \sum \left[\alpha_j(c_j - d)^+ + \beta_j(d_j - c_j)^+ \right] \qquad (4-16)$$

本节对最有代表性的调度目标式（4-16）展开讨论。

敏捷调度与"敏捷制造"的概念密切相关，是对提前完成的作业也有惩罚的调度，也称为 E/T 调度。学术界过去对敏捷调度的研究不多，多数文献专注于解决规则目标调度问题，不考虑提前完工产生的费用。不过由于 JIT 生产的蓬勃发展，敏捷调度的研究已吸引了越来越多的关注。E/T 惩罚的单机调度问题第一次被 Kanet[149] 提出，此后更多的 E/T 调度模型被 Baker[150] 提出，它们可以一般性地分成将交货期作为决策变量和作为常量讨论两种类型。对于后一种类型，很多研究专注于单机调度问题，直到 Emmons[151] 和 Hall[152] 率先将其应用到平行机环境。绝大多数关于 E/T 问题的文献都是基于公共交货期的，此类问题的最优解可通过"V 形"调度获得，但只适用于不受限（un-restrict）问题，也就是公共交货期大到允许提前集中的作业全部能在交货期前完成的问题。对于受限问题，即使在单机条件下也是难处理问题[153]。对于具有不同交货期的 E/T 问题理论界尚未有深入研究，单机条件下的均衡 E/T 问题是 NP-hard 问题[154]，其最优解不具有 V 形特征。关于 E/T 调度的还有参考文献 [155] 等。以上提到的文献都着眼于敏捷调度的数学原理，实用性不强；因此学术界也在探讨基于 Agent 的谈判协作模式解决敏捷调度问题的方法。本章讨论的敏捷调度问题和 4.4 节同样是基于柔性作业车间，通过谈判来形成调度方案。

2. 作业预算的确定

合同网模型中应用敏捷调度（以及其他不规则调度）的首要任务在于重新确定 JA 的预算。式（4-2）所定义的预算只适用于规则调度，必须进行修改。考察作业在调度中的各参数发现：

（1）松弛时间与调度目标基本无直接联系，但松弛时间越小，作业越有可能拖期；松弛时间越大，作业越有可能提前完成，可将其作为判断提前或拖期可能性的指标。

（2）拖期/提前系数直接影响优化目标值，必须作为确定预算的重要指标。

（3）交货期同样和优化目标相关，但作业能否按时完成不但和作业自身交货

期相关，还和它的竞争者（其他作业）相关。一般而言，两作业交货期越接近，在调度时发生冲突的可能性越大，因此必须考虑交货期的分布。交货期的分布虽无规律可循，但如果以其平均值为参考，可以大致认为多数作业的交货期接近此值；那么越远离平均交货期的交货期越不容易与其他作业竞争，其目标实现也越容易，需要预算越小。

（4）工时虽然不直接与优化目标相关，但工时越小的作业越容易插入机器队列的空隙中（图4-9），因此也应作为预算的决定因素之一。

综合考虑上述参数确定作业的预算为

$$B = \frac{\omega \cdot NT}{|d_j - \bar{d}|}(\alpha \frac{\max(\overline{sT} - sT, 0)}{sT + \overline{sT}} + \beta \frac{\max(sT - \overline{sT}, 0)}{sT + \overline{sT}}) \quad (4-17)$$

其中：

d_j：作业 J 的交货期；

NT：J 的名义工时；

$\bar{d}$：所有未完成作业的平均交货期；

α 和 β：式（4-16）规定的拖期惩罚系数和提前惩罚系数；

sT：作业的松弛时间；

$\overline{sT}$：所有作业的平均松弛时间；

ω：形状系数，用于调整分子和分母对预算的相对影响大小。

除了作业预算外，敏捷调度的其他参数与规则调度基本一致，只在参数值的确定上有所不同，例如，为提高敏捷性，作业的就绪队列长度规定为1。

3. 单机排程策略

单机排程就是单机调度，此处单指"为新到达工序在机器服务队列上安排加工时段"的过程。在规则调度中同样存在单机排程，但该过程只是简单地将新到达工序尽量靠前地排在服务队列尾部。由于敏捷调度追求任务完成的敏捷性，MA对工序的排程就不是尽量靠前，而是尽量接近交货期；这导致 MA 的服务队列预订的时间段之间出现大量"空隙"。

图4-9 显示了敏捷调度与规则调度的区别，前者总是试图将新工序插入到（以时间为坐标的）调度队列中，后者一般是将新工序置于队尾与上一工序相接（在复杂调度环境中也会出现少量插入的情况）。

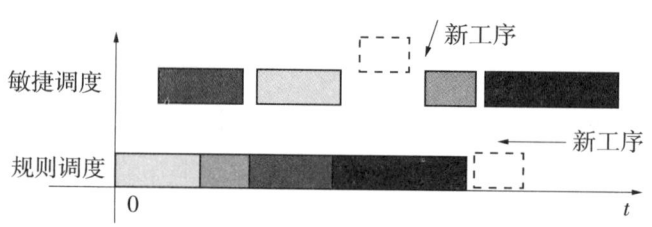

图 4-9 敏捷调度与规则调度的一般区别

由于拖期与提前同样会受到惩罚，为工件选定加工时段时须以目标函数为基础，在服务队列中寻找可以使函数值最小的可插入空隙。合适的插入方式应该一方面对其他工序影响最小，另一方面使被插入工序的优化目标得到相当的满足。如果找不到合适的空隙，MA 必须在"将工序排入末尾"和"移动原有工序"之间做出权衡。研究者们提出了各种各样的权衡方式，例如 Gozzi 等[156]提出一种概率性算法：如果需要移动的空隙小于规定的移动下限，则移动；如果大于规定的移动上限，则不移动；如果在上限与下限之间，则以一定的概率决定是否移动（移动空隙也就是移动工序，两者属同一概念）。本书提出了一种较新颖的搜索式调度策略，具体如下：

首先，在调度过程中不可避免地要插入工序，可能导致已有工序重排，因此设置 JA 的就绪队列为 1，即任一时刻只有一个待加工工序拥有预定机器（以减少作业插入引起的连锁反应）。与此相对应，MA 的服务队列也不能过长以便于调整①。为了降低系统复杂性，一个可接受的移动限制是，插入工序的单价必须大于任一被移动工序单价的某一倍数，例如 150%。根据这一标准 MA 寻找是否存在移动后插入的可能，是则插入，否则将其排在队尾。另外，SA 还必须规定一个移动工序数的上限，以防止插入造成过多扰动。例如，允许移动不超过 2 个工序。最后，所有工序都只能向后移而不是前移，因为前移有可能造成与同一作业的前道工序干涉导致调度不可行。总结插入工序的三个限制如下：

（1）插入工序若需移动已调度工序，插入者的单价必须大于任一被移动工序单价的某一倍数 c。

（2）插入工序若需移动已调度工序，被移动工序数不能超过上限值 m。

（3）所有工序只能后移。

---

① 在敏捷调度中 MA 的服务队列不宜过长，但也不宜限定为 1，因为队列中各工序的加工时间不是前后相连的，过短的服务队列会导致机器空闲等待时间大量增加，反而使总体调度目标恶化。

所构造的插入算法可描述如下：

算法名称：空隙累积算法

输入：单机调度方案（包括工序、空隙在时间轴上的排列），最多允许移动工序数 m，新到达工序 i 各参数（到达时间 t_1、理想交货期 t_2、工时 T 等），提前和拖期的惩罚系数 α 和 β

输出：工序插入后的单机调度方案

①在 MA 的服务队列时间轴上标出 i 的理想交货期 t_2 和到达时间 t_1。令

$$t_3 = t_2 + \frac{\beta}{\alpha}(t_2 - t_1) \tag{4-18}$$

$t_1 \sim t_3$ 的范围为工序 i 允许插入的范围，将该范围内的空隙按离 t_2 的远近和前后方向标记为 1，2，…（t_2 之前的空隙标记为奇数，之后的空隙标记为偶数）。

②在此范围内对空隙按照 1，2，…，n 的顺序查找，若找到可插入的空隙则将 i 插入，转步骤⑧。

③令 $k=1$。

④考虑在满足可移动条件 1 前提下移动 k 个工序所获得的空隙，也就是合并 $k+1$ 个空隙后所得的新空隙是否符合插入要求。若找到合适的空隙则插入 i 转下步；否则转步骤⑥。

⑤成功插入后，如被移动工序的（同作业）后续工序的开工不受影响则转步骤⑧；否则转步骤⑨。

⑥若 $k<m$，令 $k=k+1$ 返回步骤④；否则转下步。

⑦若 $k=m$，则插入失败，从 t_3 向后搜索一个离 t_3 最近且能插入 i 的空隙插入 i（只要时间轴足够长，这样的空隙始终存在），转下步。

⑧算法结束，输出调度方案。MA 根据输出的方案生成标书进行投标，后续步骤与规则目标调度相同。

⑨算法结束，输出调度方案。MA 进入急件投标程序，后续步骤同急件插入程序（第 4.4.3 节）。

算法有两个终点：普通方式和急件方式。由于 JA 的就绪队列长度为 1，急件方式对调度的扰动小，可以大量使用。算法中重要的参数有单价倍数 c 和移动上限 m，c 不能过小，例如取 1.5；m 不能过大，例如取 2。

以图 4-10 为例，图 4-10a 显示了空隙查找范围 $t_1 \sim t_3$，t_3 由式（4-18）计算得到。对空隙按照离 t_2 距离的远近标号，然后按照 1，2，…，6 的顺序查找可插入的空隙将 i 插入。

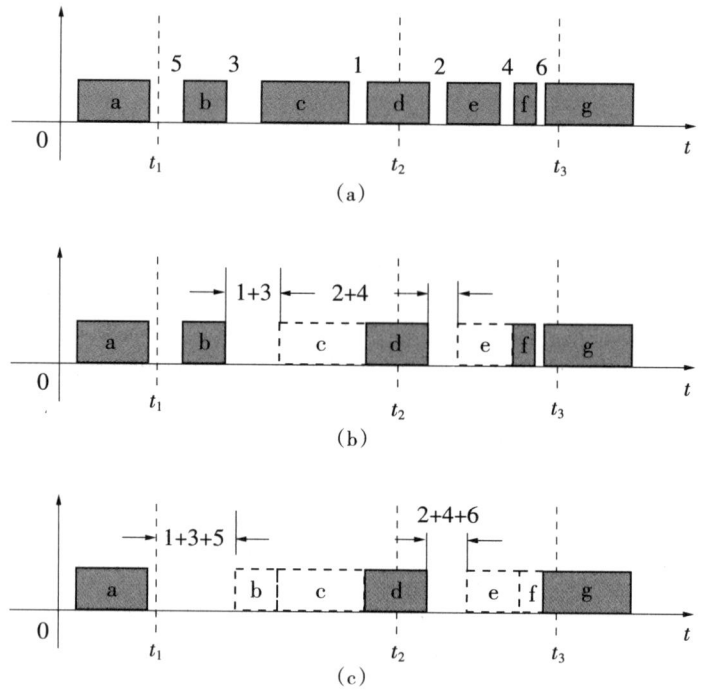

图 4-10　敏捷调度

如果没有适合的插入空隙则考虑移动一个工序形成的新空隙中有无适合空隙。同样按照 1, 2, ⋯, 6 的顺序查找，也就是尝试移动空隙 1 后的工序，若不行再移动 2 后的工序，移动的方向一律后移。图 4-10b 中显示将工序 c 后移可以获得合并空隙 "1+3"；将工序 e 后移可以合并空隙得 "2+4"（虚线框表示被移动的工序）。

如仍未找到合适的空隙，则考虑移动 2 个工序所获得的空隙，同样必须满足可移动的条件。图 4-10c 显示了可选择的空隙 "1+2+3" 以及 "2+4+6"。

如此逐渐增加移动的工序个数直到找到可用空隙（算法退出），或达到移动上限 m。此时将工序插入到 t_3 后的第一个可用空隙中。

空隙累积算法也可用于非实时调度。由于非实时调度中 JA 的就绪队列无上限限制，为了避免调度复杂化，引入"固化"的概念，即，凡固化的工序不允许其在对应机器的服务队列中被移动。这样，指定 JA 的就绪队列中，除了最后一个就绪工序外其他所有就绪工序都被固化，由此得到的调度模型和实时调度完全相同。

参考文献

[1] Johnson S. Optimal two-and-three stage production schedules with setup times included [J]. Naval Research Logistics Quarterly, 1954, 1: 61-68.

[2] Smith W E. Various optimizers for single-stage production [J]. Naval Research Logistics Quarterly, 1956, 3: 59-66.

[3] Muth J, Thompson G. Industrial Scheduling [M]. Prentice Hall, Englewood Cliffs, N J, 1963.

[4] Conway R, Maxwell W, Miller L. Theory of Scheduling [M]. Adison-Wesley, Reading, MA, 1967.

[5] Miller R E, Thatcher J W. Complexity of Computer Computations [M]. New York: Plenum Press, 1972.

[6] Baker K. Introduction to Sequencing and Scheduling [M]. New York: John Wiley & Sons, 1974.

[7] French S. Sequencing and Scheduling: An Introduction to the Mathematics of the Job-Shop [M]. New York: John Wiley & Sons, 1982.

[8] Rinnooy Kan A. Machine Scheduling Problem: Classification, Complexity Computation [M]. Martinus Nijhoff, The Hague, 1976.

[9] Coffman E. Computer and Job-shop Scheduling Theory [M]. New York: John Wiley & Sons, 1976.

[10] Blazewicz J, Ecker K, Schmidt G, et al. Scheduling in Computer and Manufacturing System [M]. 2nd ed. New York: Springer-Verlag, 1994.

[11] Giffler B, Thompson G L. Algorithms for solving production scheduling problems [J]. Operations Research, 1960, 8: 487-503.

[12] Balas E. Machine sequencing via disjunctive graphs: an implicit enumeration algorithm [J]. Oper. Res, 1969, 17: 941-958.

[13] McMahon G, Florian M. On scheduling with ready times and due dates to minimize maximum lateness [J]. Oper. Res, 1975, 23 (3): 475-482.

[14] Barker J R, McMahon G B. Scheduling the general job-shop [J]. Manage. Sci, 1985, 31 (5): 594-598.

[15] Carlier J, Pinson E. An algorithm for solving the job-shop problem [J]. Management Science, 1989, 35: 164-176.

[16] Blazewicz J, Dror M, Weglarz J. Mathematical programming formulations for machine scheduling: a survey [J]. European Journal of Operational Research, 1991, 51: 283-300.

[17] 熊锐, 吴澄. 车间生产调度问题的技术现状与发展趋势 [J]. 清华大学学报, 1994, 38 (10): 55-60.

[18] 何霆等. 车间生产调度问题研究 [J]. 机械工程学报, 2000, 36 (5): 97-102.

[19] Reklaitis G V. Scheduling approaches for the batch process industries [J]. ISA Transactions, 1995, 34 (4): 349-358.

[20] Brah S A, Hunsucker J L. Branch and bound algorithm for the flowshop with multiple processors [J]. European Journal of Operational Research, 1991, 51: 88-99.

[21] Shaukat A B, Hunsucker J L. Branch and bound algorithm for the flowshop with multiple processors [J]. European Journal of Operational Research, 1991, 51: 68-87.

[22] Lee C Y, Cheng T C E, Lin B M T. Minimizing the makespan in the 3-machine assembly-type flowshop scheduling problem [J]. Management Science, 1993, 39 (5): 616-625.

[23] Santos D L, Hunsucker J L, Deal D E. Global lower bounds for flow shops with multiple processors [J]. European Journal of Operational Research, 1995, 80: 112-120.

[24] Luh P B, Hoitomt D J, Max E, et al. Schedule generation and reconfiguration for parallel machines [J]. IEEE Transactions on Robotics and Automation, 1990, 6 (6): 687-696.

[25] Hoitomt D J, Luh P B, Max E, et al. Scheduling jobs with simple precedence constraints on parallel machines [J]. IEEE Control, System, and Management, 1990, 10 (2): 34-40.

[26] Lenstra J K, Rinnooy Kan A H G. Complexity of scheduling under precedence constraints [J]. Operations Research, 1978, 26 (1): 57-71.

[27] Hoitomt D J, Luh P B, Pattipati K R. A practical approach to job-shop scheduling problems [J]. IEEE Transactions on Robotics and Automation, 1993, 9 (1): 1-13.

[28] Portmann M C, Vignier A, Dardilhac D, et al. Branch and bound crossed with GA to solve hybrid flow ships [J]. European Journal of Operational Research, 1998, 107: 389-400.

[29] Van Laarhoven P J M, Aarts E H L, Lenstra J K. Job shop scheduling by simulated annealing [J]. Operations Research, 1991, 40 (1): 113-125.

[30] Kolonko M. Some new results on simulated annealing applied to the job shop scheduling problem [J]. European Journal of Operational Research, 1999, 113 (1): 123-136.

[31] Nowicki E, Smutnicki C. The flowshop with parallel machines: a tabu search approach [J]. European Journal of Operational Research, 1998, 106: 226-253.

[32] Valls V, Perez A M, Quinatnilla S M. A tabu search approach to machine scheduling [J]. European Journal of Operational Research, 1998, 106: 277-300.

[33] Vaessens R J M, Aarts E H L, Lenstra J K. Job-shop Scheduling by local search [J]. Informs Journal on Computing, 1996, 8 (3): 302-317.

[34] Cheng R, Gen M, Tsujimura Y. A tutorial survey of job-shop scheduling problems using genetic algorithms, part Ⅱ: hybrid genetic search strategies [J]. Computers & Industrial Engineering, 1999, 36: 343-364.

[35] Morikawa, Katsumi. Makespan minimization of a job-shop based on active schedule generation procedure [J]. Journal of Japan Industrial Management Association, 2004, 155: 9-15.

[36] 梁旭, 黄明. 基于学习机制的退火并行遗传算法应用研究 [J]. 系统工程学报, 2006, 21 (6): 663-667.

[37] 鞠全勇, 朱剑英. 基于混合遗传算法的动态车间调度系统的研究 [J]. 中国机械工程, 2007, 18 (1): 40-43.

[38] 孙宇明. 作业车间调度问题的改进混合遗传算法 [J]. 数学理论与应用. 2007, 27 (1): 97-102.

[39] 黄明, 梁旭. 一种新型病毒进化遗传算法研究 [J]. 计算机集成制造系统, 2005, 11 (8): 1138-1142.

[40] 蔡良伟, 李霞, 张基宏. 用带蚁群搜索的多种群遗传算法求解作业车间调度问题 [J]. 信息与控制, 2005, 34 (5): 553-558.

[41] 潘全科, 王文宏, 朱剑英. 基于粒子群优化和模拟退火的混合调度算法 [J]. 中国机械工程, 2006, 17 (10): 1044-1048.

[42] 陶泽, 隋天中, 谢里阳, 等. 基于Petri网和GASA的双资源JSP动态优化 [J]. 东北大学学报 (自然科学版), 2007, 28 (3): 405-409.

[43] 梁迪, 谢里阳, 隋天中, 等. 基于遗传和禁忌搜索算法求解双资源车间调度问题 [J]. 东北大学学报 (自然科学版), 2006, 27 (8): 895-898.

[44] Reza Tavakkoli-Moghaddam, Alireza Rahimi-Vahed, Ali Hossein Mirzaei. A hybrid multi-objective immune algorithm for a flow shop scheduling problem with bi-objectives: weighted mean completion time and weighted mean tardiness [J]. Information Science in Press, 2007, doi: 10.1016/j. ins. 2007.06.001.

[45] Tan K C, et al. An evolutionary artificial immune system for multi-objective optimization [J]. European Journal of Operational Research, 2007, doi: 10.1016/j. ejor. 2007.02.047.

[46] Cao Xianbin, Qiao Hong, Xu Yanwu. Negative selection based immune optimization [J]. Advances in Engineering Software, 2007, 38: 649-656.

[47] 余建军, 孙树栋, 王军强, 等. 基于免疫算法的柔性制造单元动态调度研究 [J]. 航空学报, 2007, 28 (2): 464-469.

[48] 鞠全勇, 朱剑英. 基于免疫遗传算法的车间调度问题的研究 [J]. 机械科学与技术, 2007, 26 (6): 681-687.

[49] 司书宾, 孙树栋, 徐娅萍. 求解Job-shop调度问题的多种群双倍体免疫算法研究 [J]. 西北工业大学学报, 2007, 25 (1): 28-31.

[50] 郭一楠,程健,薛珍贵.基于知识的分层遗传算法[J].中国矿业大学学报,2006,35(6):772-779.

[51] 张纪会,徐心和.一种新的进化算法:蚁群算法[J].系统工程理论与实践,1999(3):84-109.

[52] 冯远静,冯祖仁,彭勤科.智能混合优化策略及其在流水作业调度中的应用[J].西安交通大学学报,2004,38(8):779-782.

[53] 潘全科,王文宏,朱剑英.解决无等待流水车间调度问题的离散粒子群优化算法[J].计算机集成制造系统,2007,13(6):1127-1130.

[54] 高亮,高海兵,周驰.基于粒子群优化的开放式车间调度[J].机械工程学报,2006,42(2):129-134.

[55] 修春波,张雨虹,刘玉霞.组合优化问题的混沌搜索策略[J].系统仿真学报,2007,19(5):1026-1029.

[56] 张劲松,李歧强,王朝霞.基于混沌搜索的混和粒子群优化算法[J].山东大学学报(工学版),2007,37(1):47-50.

[57] 王凌.车间调度及其遗传算法[M].北京:清华大学出版社,2003:10-21.

[58] Grady P O, Lee K H. An intelligent cell control system for automated manufacturing [J]. International Journal of Production Research, 1988, 26 (5): 845-861.

[59] Hopfield J J, Tank D W. Neural computation of decisions in optimization problems [J]. Biological Cybernetics, 1985, 52: 141-152.

[60] Gulati S, Lyengar S S. Nonlinear networks for deterministic scheduling [A]. Proceedings of the International Conference on Neural Networks [C]. 1987, 4: 745-752.

[61] Arizono I, Yamamoto A, Ohto H. Scheduling for minimizing total actual flowtime by neural networks [J]. International Journal of Production Research, 1992, 30: 503-511.

[62] Vaithyanathan S, Ignizo J P. Stochastic neural network for resource constrained scheduling [J]. Computers and Operations Research, 1992, 19: 241-254.

[63] Johnston M D, Adorf H M. Scheduling with neural networks: the case of hubble space telescope [J]. Computers and Operations Research, 1992, 19: 179-189.

[64] Fang L, Li T. Design of competition based neural networks for combinatorial optimization [J]. International Journal of Neural Systems, 1990, 1: 221-235.

[65] Pellerin D, Herault J. Scheduling with neural networks: application to timetable construction [J]. Neurocomputing, 1994, 6 (4): 419-442.

[66] Min H S, Yih Y, Kim C O. Competitive neural network approach to multi-objective FMS scheduling [J]. International Journal of Production Research, 1998, 36 (7): 1749-1765.

[67] Chryssolouris G, Lee M, Domroese M. The use of neural networks in determining operational policies for manufacturing system [J]. Journal of Manufacturing Systems, 1991, 10: 166-175.

[68] Sabuncuoglu, Hommertzheim. Scheduling with neural networks: a review of the literature and new research directions [J]. Production Planning & Control, 1998, 9 (1): 2-12.

[69] Hayes P V, Sayeh S I. Supervised neural network approach to optimization as applied to the N-job, M-machine job sequencing problem [J]. Intelligent Engineering Systems Through Artificial Neural Networks, 1992, 2: 943-948.

[70] Rabelo R J, Camarinha Matos L M. Negotiation in multi agent based dynamic scheduling [J]. Journal on Robotics and Computer Integrated Manufacturing, 1994, 11 (4): 303-310.

[71] Yih Y, Liang T P, Moskowitz H. Robot scheduling in a circuit board production line: a hybrid OR/ANN approach [J]. IIE Transactions, 1993, 25 (2): 26-33.

[72] Luh P B, Zhao X, Wang Y, et al. Lagrangian relaxation neural networks for job shop scheduling [A]. Proceedings of NSF/DM II Grantees Conference [C]. Long Beach, California, 1990.

[73] Luh P B, Zhao X, Wang Y, et al. Lagrangian relaxation neural networks for job shop scheduling [G]. Proceedings of International Conference on Robotics and Automation. Leuven, Belgium, 1998: 1799-1804.

[74] Rabelo R J, Caarinha-Matos L M, Afsarmanesh H. Multi-agent-based agile scheduling [J]. Robotics and Autonomous Systems, 1999, 27: 15-28.

[75] Hewitt C. Control structure as patterns of passing messages [M] // Winston P H, Brown R H (Eds.), Artificial Intelligence: An MIT Perspective, MIT Press, 1979: 435-465.

[76] Shen W, Norrie D H. Agent-based systems for intelligent manufacturing: a state of the art survey [J]. Knowledge and Information Systems, an International Journal, 1999, 1 (2): 129-156.

[77] Sycara K, Roth S F, Sadeh N, et al. Distributed constrained heuristic search [J]. IEEE Transactions on Systems, Man and Cybernetics, 1991, 21 (6): 1446-1461.

[78] Lin G Yuh-jiun, Solberg J. Integrated shop floor control using autonomous Agents [J]. IIE Transactions, 1992, 24 (3): 57-71.

[79] Fischer K. Knowledge-based reactive scheduling in a flexible manufacturing system [J]. IFIP Transactions B: Computer Applications in Technology n B-15, 1993 (1): 1-18.

[80] Baumgartel H, Bussmann S, Klosterberg M. Multi-Agent coordination of material flow in a car plant [G] // Proc. of 2nd Int. Conf on Practical Applications of Intelligent Agents and Multi-Agent Technology, London: UK, 1997: 227-236.

[81] Ramos C. An Architecture and a negotiation protocol for the dynamic scheduling of manufacturing systems [G] // Proceedings-IEEE International Conference on Robotics and Automation, 1994: 3161-3166.

[82] Kim K H, Bae J W, Song J Y, et al. Distributed scheduling and shop floor control method [J]. Conputers & Industrial Engineering, 1996, 31 (3, 4): 583-586.

[83] Kim K H, Song J Y, Wang K H. Negotiation based scheduling for items with flexible process plans [J]. Computers & Industrial Engineering, 1997, 33 (3, 4): 785-788.

[84] Douiss K, Pierreval H, Mebarki N. Using multi-Agent architecture in FMS for dynamic scheduling [J]. Journal of Intelligent Manufacturing, 1997, 8 (1): 41-47.

[85] Ananda A L, Tan G S H, Lau L F. Distributed scheduling algorithms for the Astra Virtual Machine [J]. Australian Computer Science Communications, 1997 19 (1): 218-227.

[86] Maturana F P, Norrie D H. Multi-agent mediator architecture for distributed manufacturing [J]. Journal of Intelligent Manufacturing, 1996, 7 (4): 257-270.

[87] Barker A D. A survey of factory control algorithms witch can be implemented in a Multi-Agent Hierarchy: Dispatching, scheduling, and Pull [J]. Journal of Manufacturing Systems, 1998, 17 (4): 297-320.

[88] Pendharkar P C. A computational study on design and performance issues of multi-agent intelligent systems for dynamic scheduling environments [J]. Expert Systems with Applications, 1999 (16): 121-133.

[89] Yu L, Ohsato A, Kawakami T, et al. CORBA-based design and development of distributed scheduling systems: an application to flexible flow shop scheduling systems [A]. Proceeding os the IEEE International Conference on Systems [C]. Man nd Cybernetics. 4 Oct 12-15, 1999: IV-522-IV-527.

[90] Knotts G, Dror M, Hartman B C. Agent-based project scheduling [J]. IIE Transactions (Institute of Industrial Engineers), 2000, 32 (5): 387-401.

[91] Ouelhadj D, Hanachi C, Bouzouia B. Multi-agent system for dynamic scheduling and control in manufacturing cells [A]. IEEE International Conference on Robotics and Automation [C]. v 3 May 16-20, 1998: 2128-2133.

[92] Chen Yung-Yu, Fu Li-Chen, Chen Yu-Chien. Multi-agent based dynamic scheduling for a flexible assembly system [A]. Proceedings-IEEE International Conference on Robotics and Automation [C]. v 3 May 16-20, 1998. 2122-2127.

[93] Brum A, Portioli A. Agent-based shop-floor scheduling of multi stage systems [J]. Computers and Industrial Engineering, 1998, 37 (1): 457-460.

[94] Shen W, Norrie D H. Dynamic manufacturing scheduling using both functional and resource related agents [J]. Integrated Computer-Aided Engineering, 2001, 8 (1): 17-30.

[95] Vladimír Marík, Lazansky J. Industrial applications of agent technologies [J]. Control Engineering Practice, 2006, 10.

[96] Ouelhadj D, Hanachi C, Bouzouia B, et al. Multi-contract net protocol for dynamic scheduling in flexible manufacturing systems (FMS) [A]. Proceedings-IEEE International Conference on Robotics and Automation [C]. 1999, 2: 1114-1119.

［97］ Hsieh fu-shiung. Modeling and control of holonic manufacturing systems based on extended contract net protocol. Proceedings of the American Control Conference Anchorage，AK，2002：5037－5042.

［98］ Krothapalli N, Deshmukh A. Design of negotiation protocols for multi-agent manufacturing systems ［J］. International Journal of Production Research，1999，37（7）：1601－1624.

［99］ Zhang Z, Cheng T, Wu B, et al. Price-based negotiation for task assignment in a distributed network manufacturing mode environment ［J］. International Journal of Advanced Manufacturing Technology，2003，21：145－156.

［100］ Danny Weyns, Nelis Bouck'e, Tom Holvoet, et al. DynCNET：A protocol for dynamic task assignment in multiagent systems ［A］. Proceeding of First International Conference on Self-Adaptive and Self-Organizing Systems ［C］. 2007：281－284.

［101］ Yoon, Hyun Joong. Agent-based scheduling mechanism for semiconductor manufacturing systems with temporal constraints ［A］. IEEE International Conference on Mechatronics and Automation ［C］. 2005：1123－1128.

［102］ 李敬花，刘文剑，金天国. 基于多 Agent 的多型号生产调度系统研究 ［J］. 计算机集成制造系统，2006，12（4）：573－578.

［103］ Wang Dongsheng, Nagalingam S V, Lin G C I. Development of an agent-based Virtual CIM architecture for small to medium manufacturers ［J］. Robotics and Computer-Integrated Manufacturing，2007，23（1）：1－16.

［104］ Walker S S, Brennan R W, Norrie D H. Holonic job-shop scheduling using a multiagent system ［J］. IEEE Intelligent Systems，2005，20（1）：50－57.

［105］ Yu Xuefeng, Ram Bala. Bio-inspired scheduling for dynamic job shops with flexible routing and sequence-dependent setups ［J］. International Journal of Production Research，2006，44（22）：4793－4813.

［106］ Wong T N, Leung C W, Mak K L, et al. Dynamic shopfloor scheduling in multi-agent manufacturing systems ［J］. Expert Systems with Applications，2006，31（3）：486－494.

［107］ Wu Zuobao, Weng, Michael X. Multiagent scheduling method with earliness and tardiness objectives in flexible job shops ［J］. IEEE Transactions on Systems，Man，and Cybernetics，Part B：Cybernetics，2005，35（2）：293－301.

［108］ 胡晶晶，曹元大，焦德朝，等. 基于多 Agent 的多任务协作时间调度算法研究 ［J］. 计算机集成制造系统，2005，11（3）：394－398.

［109］ 吕赐兴，朱云龙，尹朝万，等. 基于多 Agent 的敏捷生产调度中的协商策略 ［J］. 计算机集成制造系统，2006，12（4）：579－584.

［110］ 李琳，江志斌. 虚拟生产系统的自适应动态调度机理及算法 ［J］. 计算机集成制造系统，2006，12（9）：1448－1452.

［111］ 包振强，李长仪，周鑫. 分布式混合优化调度方法研究［J］. 中国机械工程，2006，17（18）：1907－1912.

［112］ 包振强，李长仪，周鑫. 基于知识的动态调度决策机制研究［J］. 中国机械工程，2006，17（13）：1366－1370.

［113］ Michael R Garey, David S Johnson. A Guide to the Theory of NP-Completeness［M］. New York：W H. Freeman, 1979.

［114］ 徐俊刚，戴国忠，王宏安. 生产调度理论和方法研究综述［J］. 计算机研究与发展，2004，41（2）：257－267.

［115］ 邢文训，谢金星. 现代优化计算方法［M］. 清华大学出版社，1999：13－23.

［116］ 张维存，郑丕谔，吴晓丹. 基于主－从遗传算法求解柔性调度问题［J］. 计算机集成制造系统，2006，12（8）：1241－1245.

［117］ Gao J, et al. A hybrid genetic and variable neighborhood descent algorithm for flexible job shop scheduling problems［J］. Computers and Operations Research, 2007, doi：10.1016/j.cor.2007.01.001.

［118］ Gao Jie, et al. A hybrid of genetic algorithm and bottleneck shifting for multiobjective flexible job shop scheduling problems［J］. Computers & Industrial Engineering, 2007, 53：149－162.

［119］ 张超勇，饶运清，李培根，等. 柔性作业车间调度问题的两级遗传算法［J］. 机械工程学报. 2007, 43（4）：77－83.

［120］ Ho Nhu Binh, Tay Joc Cing, Lai Edmund M-K. An effective architecture for learning and evolving flexible job-shop schedules［J］. European Journal of Operational Research, 2007, 179：316－333.

［121］ 吴秀丽，孙树栋，余建军，等. 多目标柔性作业车间调度优化研究［J］. 计算机集成制造系统，2006，12（5）：731－736.

［122］ 潘全科. 智能制造系统多目标车间调度研究［D］. 南京：南京航空航天大学，2003：11－15.

［123］ 康立山，谢云，尤矢勇，等. 非数值并行算法：模拟退火算法［M］. 北京：科学出版社，1994：29－38.

［124］ Holland J H. Adaptation in Natural and Artificial Systems［M］. Ann Arbor, MI：University of Michigan Press, 1975.

［125］ 陈雄，李海刚，吴启迪. 基于遗传算法的Job-shop调度问题研究［J］. 同济大学学报，2002，30（1）：88－91.

［126］ Pinedo Michael. Planning and Scheduling in Manufacturing and Services［M］. New York：Springer, 2005：105－120.

［127］ Matsuo H, Sun C J, Sullivan T S. A controlled search simulated annealing method for the general job-shop scheduling problem［R］. Working Paper, Department of Management, The

University of Texas at Austin, 1988.

[128] Grabowski J, Nowicki E, Zdrzalka S. A block approach for single machine scheduling with release dates and due dates [J]. European Journal of Operational Research, 1986, 26: 278 – 285.

[129] Brucker P, Jurisch B, Sievers B. A branch & bound algorithm for the jobshop scheduling problem [J]. Discrete Applied Mathematics, 1994, 49: 107 – 127.

[130] Van Laarhoven P J M, Aarts E H L, Lenstra J K. Job shop scheduling by simulated annealing [J]. Oper. Res, 1992, 40 (1): 113 – 125.

[131] Beasley J E. Or-library: distributing test problems by electronic mail [J]. E J. of Oper. Res, 1990, 41: 1069 – 1072.

[132] Wong K P, Wong Y W. Hybrid genetic/simulated annealing approach to short-term multiple-fuel-constrained generation scheduling [J]. IEEE Transactions on Power Systems, 1997, 12 (2): 776 – 784.

[133] Nearchou A C. A novel meta heuristic approach for the flow shop scheduling problem [J]. Engineering Applications of Artificial Intelligence, 2004, 17 (3): 289 – 300.

[134] Feng Tse Lin, Cheng Yan Kao, Ching Chi Hsu. Applying the genetic approach to simulated annealing in solving some NP-hard problems [J]. IEEE Transactions on Systems, Man and Cybernetics, 1993, 23 (6): 1752 – 1767.

[135] 梁旭, 黄明, 常征. 求解车间调度问题的一种新遗传退火混合策略 [J]. 计算机集成制造系统, 2005, 11 (6): 851 – 854.

[136] Glover F. Future paths for integer programming and links to artificial intelligence [J]. Computers and Operations Research, 2006, 5: 533 – 549.

[137] Hurink J, Jurisch B, Thole M. Tabu search for the job-shop scheduling problem with multipurpose machines [J]. OR Spektrum, 1994, 15: 205 – 215.

[138] Mohammad Saidi-Mehrabad, Parviz Fattahi. Flexible job-shop scheduling with tabu search algorithms [J]. The International Journal of Advanced Manufacturing Technology, 2006, 32: 563 – 570.

[139] 黄席樾, 等. 现代智能算法理论及应用 [M]. 科学出版社, 2005: 22 – 24.

[140] 周明, 孙树栋. 遗传算法原理及应用 [M]. 北京: 国防工业出版社, 2000: 76 – 79.

[141] 刘若辰, 杜海峰, 焦李成. 免疫多克隆策略 [J]. 计算机研究与发展, 2004, 41 (4): 571 – 576.

[142] 李大卫, 王莉, 王梦光. 遗传算法与禁忌搜索算法的混合策略 [J]. 系统工程学报, 1998, 13 (3): 28 – 34.

[143] 赵博. 结构化集成调度系统理论及基于该理论的虚拟车间智能支撑平台的体系结构研究 [D]. 大连: 大连理工大学, 2000: 99 – 104.

［144］ Wooldridge M. Temporal belief logics for modelling distributed artificial intelligence systems ［A］. O'Hare GMP, Jennings NR, editors. Foundations of distributed artificial intelligence ［C］. New York: Wiley Interscience, 1995.

［145］ Wooldridge M, Jennings N R. Intelligent agents: theory and practice ［J］. The Knowledge Engineering Review, 1995, 10（2）: 115-152.

［146］ 蔡自兴, 徐光佑. 人工智能及其应用 ［M］. 北京: 清华大学出版社, 2004: 328-330.

［147］ 胡寿松, 何亚群. 粗糙决策理论与应用 ［M］. 北京航空航天出版社, 2006: 45-55.

［148］ 顾军华, 周艳聪, 宋洁, 等. 一种新的求解属性值约简算法 ［J］. 南开大学学报（自然科学版）, 2003, 36（4）: 38-42.

［149］ Kanet J J. Minimizing the average deviation of job completion times about a common due date ［J］. Naval Research Logistics Quarterly, 1981, 28: 643-651.

［150］ Baker K H, Scudder G D. Sequencing with earliness and tardiness penalties: a review ［J］. Operations Research, 1990, 30: 22-36.

［151］ Emmons H. Scheduling to a common due date on parallel uniform processors ［J］. Naval Research Logistics, 1987, 34: 803-810.

［152］ Hall N G. Single and multiple-processor models for minimizing completion time variance ［J］. Naval Research Logistics Quarterly, 1986, 33: 49-54.

［153］ Hall N G, Kubiak W, Sethi S P. Earliness and tardiness scheduling problems, II: deviation of completion time about a restrictive common due date ［J］. Operations Research, 1991, 39: 847-856.

［154］ Garey M R, Tarjan R E, Wilfong G T. One-processor scheduling with symmetric earliness and tardiness penalties ［J］. Mathematics of Operations Research, 1988, 13: 330-348.

［155］ Sivrikaya-Serifoglu F, Ulusoy G. Parallel machine scheduling with earliness and tardiness penalties ［J］. Computers and Operations Research, 1999, 26: 773-787.

［156］ Gozzi Andrea, Paolucci Massimo, Boccalatte Antonio. Autonomous Agents Applied to Manufacturing Scheduling Problems: A Negotiation-Based Heuristic Approach ［A］. Multi-Agent Systems and Application II, Selected Revised Papers: 9th ECCAI-ACAI/EASSS 2001, AEMAS 2001, HoloMAS 2001, LNAI 2322 ［C］. Springer Verlag, 2002: 194-203.